Racionalismo

SÉRIE pensamento moderno

VEJA A SÉRIE COMPLETA EM

livrariavozes.com.br/colecoes/serie-pensamento-moderno

Dados Internacionais de Catalogação na Publicação (CIP)
(Câmara Brasileira do Livro, SP, Brasil)

Huenemann, Charlie
Racionalismo / Charlie Huenemann ; tradução de Jacques A. Wainberg. – Petrópolis, RJ : Vozes, 2012. – (Série Pensamento Moderno)
Título original : Understanding rationalism.
Bibliografia.

4ª reimpressão, 2025.

ISBN 978-85-326-4451-0
1. Ciência – Filosofia 2. Racionalismo 3. Teoria do conhecimento I. Título. II. Série.

12-11464 CDD-192

Índices para catálogo sistemático:

1. Racionalismo : Filosofia 192

CHARLIE HUENEMANN

Racionalismo

TRADUÇÃO DE JACQUES A. WAINBERG

EDITORA
VOZES

Petrópolis

Tradução autorizada a partir da Acumen Publishing Ltd. Edition.
Edição brasileira publicada por intermédio da Agência Literária Eulama Internacional.

Tradução do original em inglês intitulado
Understanding Rationalism

Direitos de publicação em língua portuguesa – Brasil:
2012, Editora Vozes Ltda.
Rua Frei Luís, 100
25689-900 Petrópolis, RJ
www.vozes.com.br
Brasil

Editoração: Fernando Sergio Olivetti da Rocha
Diagramação: Sheilandre Desenv. Gráfico
Capa: WM design

ISBN 978-85-326-4451-0 (Brasil)
ISBN 978-1-84465-113-9 (Reino Unido)

Este livro foi composto e impresso pela Editora Vozes Ltda.

Sumário

Agradecimentos

Eu gostaria de agradecer a vários estudantes que leram partes deste manuscrito e ofereceram suas opiniões especializadas à inteligibilidade da obra: Adrianne McBride, Suzy Rashid, Tia Scoffield, Joshua Smith e Justin Whitesides. Gostaria também de agradecer a Michael Della Rocca, Jack Reynolds e a um leitor anônimo por suas valiosas sugestões e correções. Eu agradeço a Tristan Palmer da Acumen por ser um editor apoiador e estimulador.

Abreviaturas*

AT	DESCARTES, R. *Oeuvres de Descartes* [Os números se referem ao volume e à página (p. ex., VII: 72)].
DM	LEIBNIZ, G.W. "Discourse on Metaphysics". *Ensaios filosóficos.*
E	ESPINOSA, B. "Ética". *The Collected Works of Spinoza* [Os números se referem às partes, definições e axiomas, proposições e o corolário (p. ex., E p20s).
M	LEIBNIZ, G.W. "Monadologia". *Ensaios filosóficos.*
NEHU	LEIBNIZ, G.W. *Novos ensaios sobre a compreensão humana.*
PW	LEIBNIZ, G.W. *Escritos políticos.*
TEI	ESPINOSA, E. "Tratado na correção do intelecto". *The Collected Works of Spinoza.*
UOT	LEIBNIZ, G.W. "On the Ultimate Origination of Things". *Philosophical Essays.*

* Detalhes bibliográficos são oferecidos nas referências.

Introdução

Pensar e ser é o mesmo
Parmênides, 515 a.C.

O "racionalismo", como o "socialismo" e o "impressionismo", é um termo muito geral. Falando de uma forma muito ampla, é a visão de que o arcabouço mais íntimo do universo e o arcabouço mais íntimo da mente humana são um só e o mesmo. A razão – *ratio* em racionalismo – descreve tanto o que pode existir quanto o que pode ser pensado. Várias consequências interessantes podem decorrer desta visão, como se elas fossem verdadeiras. Primeiro, decorre dela que se uma coisa pode ser concebida, então ela é genuinamente possível; e de forma similar, se ela é concebível, então ela é possível. Segundo, decorre dela que nada no universo está (pelo menos em princípio) além do nosso conhecimento. E terceiro, decorre dela que uma vez que a mente humana discirna uma relação lógica entre duas ideias, o mundo precisa também exibir uma relação similar entre as coisas que correspondem àquelas ideias. Em suma, o racionalismo sustenta que a mente humana possui em si a chave para a compreensão da estrutura da realidade última. Para descobrir a mais profunda realidade é suficiente observar seu interior. No passado o racionalismo era usualmente contrastado com "empirismo", ou a visão de que experiência é a chave para se ganhar o conhecimento da realidade. Aquele contraste mostrou-se inconfiável e enganador. É como se houvesse um grupo de racionalistas de carteirinha, que pensasse que a razão é tudo e a experiência nada, enfrentando um grupo de empiristas de carteirinha que acreditassem exatamente no oposto. Razão e experiência são ambas importantes para qualquer filosofia plausível. Ainda assim, por muitos anos, Descartes, Espinosa e Leibniz foram listados como jogadores do time dos racionalistas, e Locke, Berkeley e Hume foram listados como jogadores do time dos empiristas, e atormentados professores de Filosofia apostavam, deformavam e entortavam os textos para tentar justificar o ponto de vista predominante de que havia realmente uma disputa total entre os dois times. Por sorte (graças a uma série de trabalhos criteriosos de uma geração de historiadores) agora todos nós superamos aquilo, e nos damos conta de que as várias diferenças entre todos estes seis grandes filósofos (e vários outros do período) são sutis e com frequência surpreendentes. Juntos eles constituem muitos times diferentes, lutando muitas batalhas distintas. Sabe-se que Descartes e Locke partilham muitas opiniões, da mesma forma que Berkeley e Leibniz e (em alguns assuntos) Hume e Espinosa. Cada um deles é especial em vários aspectos importantes, e qualquer das duplas tem importantes desacordos. Uma vez que tenhamos superado aquela má e antiga distinção entre racionalistas e empiristas, é possível outra vez fazer uso do termo geral "racionalismo". Mas agora, ao invés de usá-lo para nomear um clube exclusivo, devemos utilizá-lo para nomear uma constelação de atitudes filosóficas ou doutrinas, levando em conta que não existe um "teste decisivo" para determinar se certo filósofo é ou não é um racionalista. Talvez todos, ou a maioria dos filósofos, sejam em certa medida racionalistas, ou o são em algum aspecto, ou numa questão particular. Talvez alguns filósofos sejam racionalistas de uma maneira, e não noutra. Nesta introdução devo tentar explicar o que considerar como sendo esta constelação de atitudes e doutrinas racionalistas. Dada esta compreensão do termo, ficará claro que Descartes, Espinosa e Leibniz são todos racionalistas *par excellence*. Talvez eles tenham em alguns aspectos e em algumas questões algumas inclinações empiristas também. Talvez outros filósofos devessem ser considerados como racionalistas. Tudo bem. O que deve ser destacado é que estes grandes filósofos podem ser adequadamente agrupados como partilhando várias importantes doutrinas filosóficas, e vale a pena explorar essas doutrinas se desejarmos ter uma ideia do racionalismo. Nesta introdução devo examinar aquelas doutrinas sob duas categorias: "A epistemologia racionalista" e "A metafísica racionalista". Deverei então me voltar às semelhanças e às diferenças do pensamento moral, político e religioso de Descartes, Espinosa e Leibniz. Neste caso encontraremos mais diferenças do que semelhanças.

Epistemologia racionalista

Algumas das similaridades que nós encontramos entre os racionalistas têm a ver com a maneira como eles consideram o *conhecimento* humano. Talvez a melhor forma de começar seja colocando de lado um tentador equívoco sobre a epistemologia racionalista. Algumas pessoas são tentadas a imaginar os racionalistas como sendo "filósofos de poltronas" – ou seja, filósofos que pensam que podem entender tudo simplesmente utilizando seus poderes latentes de imaginação. Mas seguir esta tentação conduz a uma visão ridícula do racionalismo, que pode ser expressa da seguinte maneira:

> De acordo com os racionalistas, a razão humana pode nos informar sobre tudo que desejarmos sobre a realidade. Assim, se queremos saber sobre o mundo, nós simplesmente precisamos sentar em nossas confortáveis poltronas e especular sobre aquilo que nos parece fazer mais sentido. Seja lá o que for que imaginemos isso irá coincidir com o mundo como ele é. Se outras pessoas nos perguntarem como estamos certos disso, nós diremos a elas que nossa

> razão nos foi concedida por Deus, e todas nossas ideias são implantadas em nossas mentes por Deus, e Deus é um ser perfeitamente bom, de forma que Deus nunca nos permitirá fazer quaisquer erros intelectuais.

Esta é uma visão que pessoa pensante alguma poderá jamais sustentar (assim esperemos). Embora existam outros elementos nesta visão que estão ligados a importantes aspectos da epistemologia racionalista, as visões racionalistas são muito mais sofisticadas e plausíveis do que este relato simplista é capaz de sugerir. É verdade que os racionalistas prezam a razão, mas é errado ir tão longe ao ponto de dizer que os racionalistas pensam que a razão pode nos informar sobre tudo que queremos saber. A razão, de acordo com os racionalistas, diz-nos somente sobre alguns aspectos profundos da realidade. Considere, por exemplo, as seguintes afirmações:

1) Uma coisa não pode existir e deixar de existir ao mesmo tempo.
2) Duas coisas iguais a uma terceira são iguais entre si.
3) Cada coisa é idêntica a si.

Estas são declarações amplas feitas sobre as coisas em geral, e são declarações que sabemos serem corretas. Mas como sabemos que elas são verdadeiras? Soa muito frágil afirmar que sabemos isso através da experiência. Considere alguém dizendo "Tenho visto muitas coisas, mas nunca vi algo existindo e não existindo ao mesmo tempo", ou dizendo "Todos os experimentos conduzidos até aqui têm mostrado que duas coisas iguais a uma terceira são iguais entre si". Estas afirmações não são do tipo que podemos provar através da experiência. Elas são, em vez disso, simplesmente *lógicas*. São conhecidas "por si", como alguns filósofos dizem. Não é só que não podemos imaginá-las como sendo falsas; pessoa alguma poderia, nem mesmo Deus. Os racionalistas sustentam que existem algumas afirmações cuja justificativa (ou seja, cuja prova) não depende da experiência, mas se apoiam em vez disso na razão. Observe que isso não significa que alguém venha a acreditar nestas afirmativas sem experiência alguma. Presumivelmente, você tem que conhecer uma linguagem, e ter algum grau de sofisticação intelectual, antes que possa entender o que estas afirmações significam. Mas uma vez que você compreende o que elas significam, seu conhecimento delas como verdades não depende de qualquer conjunto particular de experiências que você tenha tido. Se alguém dissesse "Sei que estas afirmações são verdadeiras porque meu professor me disse isso" ou "Sei que elas são verdadeiras porque realizei muitos experimentos e nunca observei quais são as exceções a elas", nós suspeitaríamos que estas declarações estivessem ou brincando conosco ou que não teríamos entendido o que elas estavam dizendo.

Ou ainda é nisso que um racionalista acredita: a justificativa de algumas afirmações importantes independe de qualquer experiência particular. A maneira técnica de dizer isso é dizer que algumas afirmações são *a priori*. Descartes, Espinosa e Leibniz acreditavam que existem importantes verdades *a priori*. Além disso, eles todos concordam em várias afirmações interessantes que são *a priori* – a afirmação de que Deus existe, a afirmação que tudo tem uma causa, e em todas as alegações da matemática.

Como é possível que tenhamos tanto conhecimento *a priori*? Sobre isso existem muitas diferenças interessantes entre os racionalistas, mas eles todos concordam que em última instância isso se deve a duas coisas. Primeiro, temos em nossas mentes certos conceitos ou alegações que são inatas (significando: nós nascemos com elas). Estes conceitos ou alegações estão dentro de nossas mentes simplesmente em virtude do fato de que nossas mentes são mentes; elas não podem ser mente sem estes atributos inatos. Segundo, nossas mentes estão dotadas com certo tipo de maquinaria de processamento que é capaz de derivar bons resultados de bons insumos. Vamos examinar brevemente cada um destes itens.

Primeiro, ideias inatas. Em seu *Ensaio sobre a compreensão humana* (1690), John Locke lançou várias críticas sobre a doutrina das ideias inatas. Ele assinalou que se afirmações como "Deus existe" e "2 + 2 = 4" fossem inatas, então poderíamos esperar descobrir que todos os seres humanos – ingleses ou hindus, infante ou adulto, saudável ou incapacitado – concordariam com elas. Mas naturalmente sabemos que isso não é verdadeiro. Além do mais, se toda a matemática é inata, então muitos entre nós consideraríamos este assunto tão difícil? E, finalmente, podemos realmente esperar que um recém-nascido, chorando, pedindo leite e acalento, está ao mesmo tempo pensando em triângulos, e de seres necessários, e o fato de que coisas iguais a uma terceira são iguais entre si? Isso tudo parece ser ilógico. Mas, como Leibniz argumentou em seu *Novos ensaios sobre a compreensão humana* (escrito em 1704), Locke não compreendeu a doutrina das ideias inatas. A doutrina não diz que as ideias inatas precisam ser óbvias a todas as pessoas em todas as circunstâncias, nem que a experiência não é exigida para se ter consciência das ideias inatas. Ao contrário, identificar uma ideia ou alegação como inata é somente afirmar que uma mente é, por sua natureza, inclinada a reconhecer tal ideia ou afirmação como válida. Leibniz ofereceu uma analogia:

> Se a alma fosse uma *tabula rasa* [como sugere Locke] então as verdades seriam em nós como a forma de Hércules é numa peça de mármore quando o mármore é inteiramente neutro ao assumir esta forma ou alguma outra. No entanto, se houvesse veios no bloco que marcassem a forma de Hércules em vez de outras formas, então aquele bloco seria mais determinado por aquela forma e Hércules seria de certa maneira inato nele, muito embora labor fosse exigido para expor os veios e poli-los até que se tornassem claros, removendo tudo que os impedisse de serem vistos. É assim que as ideias e as verdades são inatas em nós – como inclinações, disposições, tendências ou potencialidades naturais [...] (NEHU: 52).

Assim, seguindo a analogia de Leibniz, podemos afirmar que, embora todos tenham certo estoque de ideias ou verdades dentro de si, nem todos passaram a experiência de "expor" aquelas ideias ou de as terem "polido até tornarem-se claras". Para que isso ocorra deve-se dar muita atenção ao tema, pensando muito e trabalhando através de demonstrações lógicas a fim de se ter uma ideia e um sentido claro das ideias e das verdades com as quais nascemos. O que isso significa é que chamar estas ideias e verdades "inatas" não aponta para sua obviedade tanto quanto para a profundidade ou a centralidade que elas têm em nossas mentes. Ainda assim, pressionaria Locke, por que dizer que nascemos com estas ideias e verdades, em vez de simplesmente concluir que nós eventualmente as vemos através da experiência do pensamento e da demonstração? Por que afirmar que a forma de Hércules estava *escondida* no mármore, em vez de dizer que o escultor *criou* aquela forma no mármore? Em resposta, Leibniz perguntaria o que realmente significa dizer que o exercício de nossa razão nos leva a ver estas ideias e verdades. Não é simplesmente afirmar que nossas mentes tendem a vê-las? E como nós podemos explicar tal inclinação sem postular alguma estrutura que é inata na mente?

Voltemos nossa atenção agora desde as ideias inatas à doutrina que nossas mentes possuem algum tipo de maquinaria especial de processamento. Cada racionalista descobriu um conjunto de ideias inatas ou verdades e então deduziu consequências delas. O processo de dedução é justamente o que conhecemos como raciocinar, ou lógica. Quando, a partir de premissas seguras, uma conclusão é adequadamente derivada, podemos ter confiança na conclusão como tivemos nas premissas. A *Ética* de Espinosa é uma forte mostra disso. Cada parte da *Ética* começa como definições e axiomas, e segue então uma série de proposições que visam ser derivadas delas. Enquanto as demonstrações forem adequadas, as proposições devem ser consideradas necessárias, como sendo *a priori*, como qualquer dos axiomas e definições. Tais demonstrações e argumentos são de importância central aos racionalistas. Naturalmente, isso não significa afirmar que os argumentos lógicos não são importantes aos outros filósofos. E não é como se os racionalistas não tivessem interesse naquilo que pode ser apreendido da experiência e dos experimentos. Mas quando se trata de discernir e descrever os aspectos mais profundos da realidade – como o mundo *precisa* ser – os racionalistas têm a máxima confiança no poder da demonstração lógica. Algumas vezes isso levou racionalistas tais como Espinosa a confundir relações causais (a que existe, digamos, entre uma faísca e uma explosão) com relações lógicas (a que existe entre uma premissa e uma conclusão). Duas coisas podem estar causalmente relacionadas mesmo se suas ideias não tiverem uma relação lógica uma com a outra (uma lição que nos foi dada por David Hume). Mas os racionalistas, às vezes, pensam que o mundo deve se comportar de acordo com a mesma lógica, as mesmas regras que governam seus pensamentos.

Reconhecer a importância da lógica para o racionalismo nos leva a uma distinção adicional que os racionalistas tipicamente fazem. A distinção é entre o *intelecto* e a *imaginação*. As marcas gerais da distinção são que o intelecto é lógico, enquanto a imaginação é psicológica; as conclusões do intelecto são válidas para todos, enquanto as conclusões da imaginação variam de indivíduo para indivíduo; o intelecto não comete erros sobre a realidade, enquanto a imaginação pode. Uma maneira vívida de fazer a distinção pode ser encontrada na sexta meditação de Descartes, quando ele considera uma figura de mil faces:

> Se eu desejo pensar sobre um quiliágono, embora eu compreenda que se trata de uma figura de mil faces da mesma forma que eu compreendo que um triângulo é uma figura de três faces, não imagino da mesma forma mil faces ou as vejo como se elas estivessem na minha frente [...]. [Minha representação disso] não difere de maneira alguma da representação que formaria se eu pensasse de um miriágono, ou de qualquer figura com muitas e muitas fa-

ces. Além disso, tal representação é inútil para reconhecer as propriedades que distinguem um quiliágono de outros polígonos [...]. A imaginação requer um esforço peculiar da mente que não é exigida à compreensão; este esforço adicional da mente claramente mostra a diferença entre a imaginação e a compreensão pura (AT VII: 72).

É difícil fazer uma imagem mental de um quiliágono. Mas esta dificuldade não nos impede de compreender e inferir muitas coisas sobre tal figura. Por exemplo, não sabemos que a soma dos ângulos será maior do que a soma dos ângulos do triângulo? De fato, podemos inclusive calcular exatamente qual será a soma dos ângulos de um quiliágono regular, apesar do fato que não podemos imaginar claramente a figura. (Como veremos novamente no capítulo 1: simplesmente traçar linhas do centro a cada canto, e fazer um milhar de triângulos; multiplicar então aquele um milhar por 180 graus; e, finalmente, subtrair 360 graus do total, de forma a remover os ângulos no centro do quiliágono. O resultado é 179,640 graus.) Podemos alcançar esta conclusão com confiança absoluta, mesmo quando não podemos desenhar um quiliágono. Além do mais, sabemos que esta conclusão é correta independentemente de quantas pessoas possam diferir em suas imagens mentais inadequadas e turvas de quiliágonos e triângulos. O poder da lógica – ao menos nesta questão – supera o poder da imaginação.

Descartes dá conta desta diferença ligando a imaginação ao corpo, e ao ligar o intelecto com a mente pura ou alma. O cérebro tem certa maneira de codificar os objetos da imaginação. Descartes pensou que isso tinha a ver com as impressões físicas causadas no tecido cerebral, enquanto que hoje apontaríamos os neurônios e os estados elétricos. De uma forma ou outra, nossas capacidades fisiológicas de imaginar coisas envolvem todo o tipo de problemas, indo desde as limitações naturais crescentes dos nossos órgãos, chegando aos ataques, acidentes e ingestão de substâncias contrabandeadas. A mente pura, de acordo com Descartes, está livre deste tipo de limitações, e pode alcançar suas conclusões sem se preocupar com as limitações impostas pelas enfermidades do corpo. E embora seja difícil ver como exatamente Espinosa e Leibniz são capazes de oferecer liberdade equivalente ao intelecto em suas filosofias, cada um deles encontra uma maneira de acreditar na capacidade do intelecto de fazer corretamente as coisas, mesmo quando o corpo está tendendo a fazer erradamente as coisas.

Até aqui vimos três semelhanças epistemológicas entre os racionalistas: (1) a crença em verdades *a priori*; (2) a crença na condição inata de certas ideias ou verdades; e (3) a crença na privilegiada maquinaria cognitiva (processos lógicos) nos seres humanos, que permite a distinção entre o intelecto e a imaginação. A estes devemos acrescentar um aspecto mais geral da perspectiva epistemológica do racionalismo: certa variedade de transcendentalismo. E como também encontramos em Platão (c. 428-347 a.C.), os racionalistas colocam o que a razão lhes diz acima do que os sentidos revelam. O corpo e seus órgãos sensórios podem ser enganados, e a experiência humana é tão limitada e tendenciosa que é inconfiável como um testemunho. Mas a razão é um tipo de oráculo, uma maneira na qual nós podemos testemunhar o que é verdadeiro. A maneira é usualmente difícil e complicada, certamente, mas há a promessa de descobrir a natureza mais íntima das coisas, mesmo quando a superfície sugere algo muito diferente. Os racionalistas acreditam na razão, e não na experiência, para revelar *o que verdadeiramente é*. E assim os racionalistas com frequência parecem de outro mundo, no sentido que o mundo que eles consideram como o mundo verdadeiro não é o mundo revelado por nossos olhos, ouvidos e pontas dos dedos, mas um mundo descrito através de conceitos abstratos e matemática. Esta atitude profunda é expressa no que Platão diz que Sócrates afirmou quando ele enfrenta sua própria morte em *Phaedo*:

> O corpo nos mantém ocupado de mil maneiras devido a sua necessidade de sustento. Além disso, se certas doenças o acometem, elas impedem nossa busca por verdade [...]. Se pudermos em algum momento ter o conhecimento puro, teremos que escapar do corpo e observar as coisas em si com a alma por si (*Phaedo*: 66b-e).

Embora cada racionalista possa ter suas próprias reservas sobre esta conversa de escapar do corpo, é verdade que eles todos partilham o espírito que está por trás desta consideração. O conhecimento das verdades mais profundas demanda de nós transcendermos nossa experiência sensória e abraçar as conclusões da própria razão.

Metafísica racionalista

A epistemologia está interessada em como nós sabemos o que de fato é real; a metafísica concerne ao que é real. É difícil não permitir que as visões sobre um não influencie as visões sobre o outro. E assim como existem semelhanças epistemológicas entre os racionalistas, nós também temos semelhanças metafísicas. Primeiro, há o extraterreno recém-mencionado. Assim como os racionalistas têm mais confiança na razão do que nos sentidos, eles também consideram o mundo revelado pela razão como sendo *mais real* do que o mundo revelado pelos sentidos. Isso pode ser visto no argumento geral que Descartes apresenta em sua obra *Meditações sobre a filosofia primeira*. Como podemos ver, Descartes tenta duvidar de tudo que seja possível a fim de descobrir aquilo sobre o que ele tem certeza. Ele descobre que é fácil duvidar de seus sentidos, e mais difícil duvidar do que seu intelecto lhe diz. Eventualmente ele consegue restaurar sua confiança em seu intelecto – ao provar a existência de um criador benevolente – e somente mais tarde ele consegue restaurar alguma (mas não totalmente) confiança no que os seus sentidos revelam. Esta foi sua maneira de ajudar a profetizar uma nova física matemática: de que, na conclusão de *Meditações*, nossa ciência da natureza estará baseada nos conceitos e princípios do intelecto (que nos deu a matemática), e não em nossas observações sensórias. Descartes, como Galileu, acreditou que o livro da natureza está escrito na linguagem da matemática. A matemática revela o mundo verdadeiro; nossos sentidos nos dão somente uma aproximação daquela realidade.

Esta noção de que o que o mundo descobriu pela razão é *mais real* do que o revelado pelos nossos sentidos introduz uma segunda semelhança metafísica encontrada entre os racionalistas. Descartes, Espinosa e Leibniz acreditavam na tese de que nós podemos denominar de tese "das gradações da realidade": As coisas têm graus variados de realidade.

Esta tese sem dúvida soará muito misteriosa para nós à medida que nós usualmente consideramos a realidade como sendo um assunto tipo tudo ou nada. Mas aí outra vez nós realmente acreditamos nisso? Um arco-íris, por exemplo, é algo que nós consideramos como real, já que podemos mostrá-lo a outras pessoas e nos maravilhar com sua beleza. Mas não é tão real como a luz e as gotas d'água que permitem o arco-íris aparecer. Não podemos tocar realmente um arco-íris, ou chegar ao fim dele, já que se trata de uma miragem ou uma ilusão, mas podemos alcançar as gotas d'água e coletá-las, ou voar no céu e bloquear os raios de luz, se assim desejarmos. Então o arco-íris é real? Sim, podemos dizer, embora não *tão real* como as condições que o produzem. Nós podemos fazer observações similares sobre a recessão econômica, ou uma nuvem (ou até mesmo sobre o "racionalismo"): estas são coisas que têm algum grau de realidade, embora elas sejam tão reais como processos, entidades ou as crenças individuais que deram origem a elas. Descartes considera que suas ideias de pedras, hímens, anjos e Deus são ideias cujos objetos têm graus variados de realidade. Deus é a "mais real" de todas as suas ideias, e suas ideias de outras coisas parecem sempre estar com algo faltando – talvez lhes falte informação sobre suas causas, ou de que como elas surgiram. Espinosa pensa que as substâncias são mais reais se elas têm mais atributos. Leibniz pensa que o mundo espaçotemporal é menos real que as substâncias que lhe deram origem. Cada uma delas constitui as gradações da tese da realidade. Ainda, elas também mantêm que o grau da realidade da coisa é proporcional ao grau de sua *perfeição*. Outra vez, nós usualmente pensamos sobre a "perfeição" como tudo ou nada; chamando uma coisa de "mais perfeita" do que outra soa errado. Mas ao menos no século XVII "perfeição" significava algo mais próximo do sentido de *integralidade*. As coisas podem ser completas em graus variados: uma casa pode ser mais completa ("mais terminada") do que outra. Igualmente, de acordo com os racionalistas, os seres podem ser mais completos do que outros. Deus representa o mais alto grau de integralidade, ou perfeição, da realidade. O *nada* – significando a lacuna – está completamente incompleto, imperfeito, irreal. Todo o resto cai no meio. Os seres humanos têm alguma perfeição e alguma realidade. Os anjos, talvez, um pouco mais. Os animais um pouco menos.

Uma forma de pensar sobre o assunto é o que segue. Suponhamos que em última instância exista um número finito de propriedades genuínas (ou "perfeições") que qualquer indivíduo pode ter. Ajeitando um pouco, suponhamos que estas qualidades sejam o poder, o conhecimento e a bondade. Digamos que exista alguém que possua todas as possíveis perfeições no mais alto grau (e chamemos este ser "Deus"). Então haverá alguns seres com menos poder, menos conhecimento e menos bondade. Cada um destes seres é menos real e menos perfeito do que Deus. E podem existir seres com ainda menos poder, conhecimento e bondade; estes seres são menos reais e menos perfeitos do que os anteriores. E assim por diante. Se imaginarmos três botões marcados "poder", "conhecimento" e "bondade", podemos então imaginar cada ser de acordo com as várias posições ocupadas por tais botões.

Nos capítulos deste texto encontraremos esta noção realizando um enorme trabalho metafísico (e, no caso de Leibniz, trabalho moral igualmente). Os capítulos oferecerão explicações adicionais das gradações da tese da realidade, como empregada naqueles distintos contextos. O que deve ser especialmente surpreendente para nós é quão óbvia estes racionalistas consideram esta tese. Em parte alguma eles oferecem uma cuidadosa explicação da mesma, assim como sua defesa. Eles a consideraram como algo perfeitamente óbvio – e aparentemente, a muitos de seus leitores instantâneos, assim de fato era. Talvez seja óbvio que todos estes racionalistas acreditavam em Deus. Descartes e Leibniz no Deus da Cristandade. Espinosa acreditava numa entidade que pensava que pudesse ser chamada de "Deus" ou "Natureza" (em latim, *Deus sive Natura*), mas esta entidade é mais uma força impessoal, e não o tipo de divindade que deveria ser venerada ou para o qual deveria se rezar. Acreditar em algum tipo de ser superior pode ser uma consequência irresistível de acreditar nas gradações da tese da realidade; pois uma vez que se permite que a realidade venha em graus, não é difícil resistir à conclusão de que existe algum ser com máxima realidade? Mas a crença no ser superior pode oferecer também um tipo de base para a epistemologia racionalista. Vemos isso de forma mais explícita em um dos argumentos de Leibniz para a existência de Deus. Em *Monadologia* Leibniz argumenta que se existem de fato conceitos *a priori*, então deve haver algum tipo de base para sua existência. Em outras palavras, deve haver um ser real cuja existência dá àqueles conceitos algum tipo de realidade. Não pode ser qualquer tipo de mente finita, uma vez que presumivelmente as verdades *a priori* baseadas naqueles conceitos não cessariam de ser verdadeiras se todas as mentes finitas morressem, desintegrassem ou desaparecessem. Precisa ser uma mente infinita – ou seja, Deus. "A compreensão de Deus é a esfera das verdades eternas ou das ideias das quais elas dependem; sem Ele nada haveria de real nas possibilidades, e não só nada existiria, mas nada seria possível" (M: § 43). Esta noção de Deus revela o que o racionalista realmente deseja de Deus, ao menos à medida que o racionalista esteja fazendo filosofia: Deus é a última biblioteca de conceitos e essência, um depósito eterno de todas as ideias *a priori* que precisaremos empregar no enquadramento de nossa metafísica do mundo. Ao colocarmos conceitos na mente de Deus para uma estocagem segura, por assim dizer, escapamos do perigo de qualquer tipo de relativismo histórico ou psicológico. Isso significa dizer que os conceitos que estamos manejando são somente aqueles que nossa era histórica tratou de inventar; eles pertencem à mente eterna de Deus. Vimos que os racionalistas consideram extremamente importante distinguir o intelecto da imaginação: a imaginação é suscetível a todo tipo de distorções e limitações, enquanto que o intelecto não é. Acompanhando esta necessidade é a crença metafísica na alma. Descartes acreditava na existência da alma numa maneira simples: cada ser humano é uma fusão do corpo material com a alma imaterial, duas substâncias separadas do corpo material com uma alma imaterial, duas substâncias separadas combinadas numa certa união metafísica misteriosa. No momento da morte do corpo, a alma pode continuar a existir, e ir ao céu (ou algo similar). Leibniz também acreditava que a mente humana é imaterial, embora (como veremos) não acreditasse que pudesse existir sem estar combinada em alguma maneira com algo físico. Ele pensava que nossas almas estão sempre combinadas a algum corpo ou outro, até o dia final – o dia da ressurreição –, quando elas são unificadas ao incorruptível corpo humano para o resto do tempo. Espinosa cuidadosamente demonstrou que a mente e o corpo são um e a mesma coisa, concebidos em duas maneiras distintas, que certamente torna isso parecer como se ele não acreditasse que a alma fosse algo que pudesse existir separado do corpo. Mas isso não o fez parar de tentar demonstrar, próximo ao fim da *Ética*, mais de uma dezena de proposições que se referissem "à duração da mente sem qualquer relação ao corpo" (5p20s) e isso não o impediu de escrever que "sentimos e sabemos por experiência que nós somos eternos" (5p23s). Embora Espinosa certamente não oferecesse qualquer tipo de vida cristã após a morte como a do tipo sonhado por Descartes e Leibniz, ele não deixou qualquer espaço para o surgimento de uma ideia racionalista de vida após a morte, uma que fosse caracterizada por conhecimento puro e amor puramente intelectual de Deus.

Descrevemos quatro amplas similitudes metafísicas encontradas dentro das filosofias de Descartes, Espinosa e Leibniz: (1) a realidade do mundo revelada pela razão; (2) as gradações da tese da realidade; (3) a existência de Deus; e (4) a existência da alma. Naturalmente estas semelhanças não devem obscurecer o fato de que existem também diferenças profundas e interessantes entre os sistemas metafísicos de cada um destes filósofos. De fato, quando começamos a estudar os aspectos particulares de cada filosofia, nós provavelmente vemos somente as diferenças.

Moralidade, política e a religião

Nós encontramos significativas semelhanças na epistemologia e metafísica de nossos três racionalistas. Mas em suas moralidades, políticas e religião nós encontramos muito importantes diferenças. De fato, em cada tópico, nós encontramos duas delas opostas à terceira; e que duas são dependentes do tópico. Vamos examinar um de cada vez.

Moralidades

Tanto Descartes quanto Espinosa advogam uma filosofia moral que está baseada no estoicismo. Os estoicos acreditavam que a vida moral resulta de duas coisas: o comando da razão sobre as paixões, e o reconhecimento que a maior parte dos eventos da vida estão completamente além de nosso controle. Imagina-se que tipicamente as paixões dizem respeito a embaraços que estão ocorrendo conosco. Talvez sintamos prazer por estarmos na companhia de outras pessoas, e acabamos por amá-las, e então nos tornamos dispostos a fazer todo o tipo de coisas perigosas e ridículas em seu benefício. Ou talvez estejamos sofrendo uma dor de cabeça, e então alguém nos incomoda com uma pergunta inocente, e nós descarregamos nossa fúria nela. Podemos evitar tais ações irracionais fazendo uma diagnose sóbria sobre o que estamos experimentando e devotando nossas mentes para aquilo que nossa razão dita. Ao mesmo tempo, devemos reconhecer que o universo é maior do que nós, infinitamente maior em complexidade e poder. As coisas nem sempre acontecerão de nosso jeito, e não podemos fazer nada em relação a isso. E por que então ficar desapontado? Por que não aceitar que vida está além de nosso controle, e nos conformar com o que não podemos mudar ou evitar? Observe, afaste-se e permaneça calmo: esta é a receita estoica básica.

O estoicismo leva o indivíduo a um conjunto de preceitos morais ou regras, e a um certo estilo de vida. À medida que precisamos dos confortos e a proteção da sociedade civil a fim de pôr em prática nossas meditações filosóficas, precisamos ser bons cidadãos e cultivar algum interesse no bem-estar dos outros.

Observe bem isso: o estoico precisa estar interessado com o Estado e com seus cidadãos somente na medida em que tal preocupação o ajude a viver sob o comando do que a razão dita. Descartes está especialmente preocupado em manter à distância as obrigações civis e sociais. Espinosa, como veremos, acreditava em assumir mais responsabilidade civil, mas no fim ele também deixa livre uma rota de escape, de forma que sempre será capaz de se refugiar num mundo semiprivado para uma reflexão livre de perturbação. Ambos os filósofos escreveram extensivamente sobre como empregar a razão para governar as paixões, e ambos se resignaram à ordem da natureza.

Leibniz, no entanto, não baseia seu pensamento moral em qualquer tipo de estoicismo. A noção central em sua filosofia é *justiça*, que ele define como caridade (ou amor) do sensato. Pessoas sensatas são capazes de discernir a perfeição metafísica nas criaturas, e são capazes de julgar quanto amor seus semelhantes merecem. Leibniz acreditava que nós somos obrigados a ser justos, e como recompensa sentimos uma grande satisfação quando conseguimos agir com justiça. Ao contrário de Descartes e Espinosa, a moralidade de Leibniz nos solicita cultivar um genuíno interesse no bem-estar dos outros, em seu próprio bem, assim como em nome de um prazer desinteressado em vermos a justiça ser feita. Há muito mais a ser dito sobre isso, mas por enquanto o resumo rápido é que, enquanto as moralidades de Descartes e Espinosa são fundamentalmente egoístas ("o que há nisso para mim?"), Leibniz não é egoísta.

Política

Como recém-dito, Descartes tentou manter as obrigações civis a certa distância. Tanto em seu primeiro e posterior código moral ele recomenda uma pessoa se ajustar às demandas das instituições políticas existentes. Além do mais, permanecendo fora da política resulta em paz de espírito e permite a meditação filosófica ininterrupta. Dê a César o que lhe cabe, imagina-se Descartes dizendo, de forma que você será capaz de realizar sua própria filosofia sem incidente. Descartes devotou muito pouco pensamento à política ou aos fundamentos filosóficos do Estado. Mas Espinosa e Leibniz escreveram extensivamente sobre política. O *Tractatus theologico-politicus* (1671) de Espinosa e seu *Tractatus politicus* (deixado inconcluso no momento de sua morte) argumentaram que as repúblicas democráticas são as mais estáveis e as melhores formas de governo. São as menos propensas a se envolveram em guerras civis, uma vez que os cidadãos usualmente não se rebelam contra governos nos quais eles têm uma voz. Além do mais, ele argumentou que as repúblicas democráticas são também consistentes em conceder aos cidadãos um amplo conjunto de liberdades, especialmente a liberdade de publicar livremente seus pensamentos. Na república, ele pensou, deve haver uma liberdade de expressão quase completa, uma vez que uma discussão aberta e o argumento são os meios através dos quais a democracia é dirigida. Estas preocupações políticas foram especialmente relevantes no contexto histórico de Espinosa, quando então a república holandesa estava prestes a voltar à monarquia. Espinosa argumentou (sem sucesso) que esta revolução iria contra o autointeresse dos cidadãos.

Leibniz tinha igualmente sérias preocupações políticas. De fato, parece que ele adotou a postura de um "filósofo da corte" na esperança de treinar os monarcas a estabelecerem a paz e governos justos. Ele não favoreceu as repúblicas democráticas, mas tentou modelar sua visão sobre monarcas terrenos com base naquilo que sabia sobre os monarcas divinos, Deus, cujos decretos resultariam na existência dos melhores de todos os mundos possíveis. Os monarcas mortais deveriam seguir a liderança de Deus, pensou Leibniz, ao promulgarem os decretos que levariam seus reinados ao melhor dos mundos possíveis. Assim como sua moralidade, a justiça é a noção fundamental na filosofia política de Leibniz. O reino justo é aquele que assegura que seus cidadãos obtenham aquilo que eles merecem. Em outras palavras, eles asseguram que os cidadãos sejam amados na proporção da perfeição metafísica que exibirem. Isso exige que o Estado utilize os meios necessários que possui para assegurar que seus cidadãos floresçam como seres humanos, no uso de sua razão, sua sabedoria e sua bondade. A maioria da realeza por ele aconselhada, no entanto, considerou a grandiosidade pessoal mais atrativa do que a virtude de Leibniz.

Religião

Aqui encontramos Descartes e Leibniz opondo-se a Espinosa. Tanto Descartes quanto Leibniz eram cristãos. Embora Descartes fosse criticado em sua época por criar uma filosofia que parecesse funcionar sem o auxílio da doutrina cristã, de fato ele procurou assegurar que cada aspecto de sua filosofia fosse coerente com seu catolicismo. Ele acreditou que a existência de Deus e a distinção entre a alma e o corpo são demonstráveis através da razão, e ofereceu aquelas demonstrações. Ele também colocou Deus a funcionar em várias áreas de sua metafísica: Deus é responsável por enquadrar o arcabouço lógico partilhado tanto pelo mundo como pela mente humana, sendo responsável também pela recriação do mundo a cada instante. Ele acreditou que através da revelação – uma fonte do conhecimento que vai além dos poderes da razão – nós descobrimos outros aspectos de Deus, tais como que Deus é trino, que Jesus é plenamente divino e plenamente humano, e assim por diante. Seu temperamento o fazia tentar evitar as várias controvérsias políticas e doutrinárias da Igreja, e assim ele com frequência permaneceu silencioso sobre estas questões, mas não há razão alguma para se duvidar de que fosse um crente sincero.

Leibniz estava ainda mais interessado em introduzir o cristianismo em sua filosofia. Como Descartes, ele pensava que os dogmas centrais da Cristandade são conhecidos somente através da revelação, e não pela razão, mas Leibniz trabalhou duro para assegurar que as alegações particulares do dogma cristão pudessem se acomodar com sua metafísica. Milagres, transubstanciação, ressurreição e outros conceitos foram explicados cuidadosamente, com a máxima atenção ao detalhe, na metafísica das matérias, mônadas e percepções. Isso é consequência principalmente da devoção cristã de Leibniz, e sua igualmente devota missão de forjar uma visão metafísica perfeita e compreensiva. Foi igualmente parte de uma ampla campanha de curar a ruptura com a Reforma, e procurar uma reunião do catolicismo e o protestantismo. Tal união religiosa é necessária se a justiça como concebida por Leibniz fosse algum dia vista na Europa, pensava ele.

Espinosa, em contraste, era visto como ateu, irreverente e profundamente anticristão. Seu *Tractatus theologico-politicus*, além de argumentar a favor do republicanismo democrático, também argumentava que a Bíblia foi escrita por pessoas primitivas que desconheciam a ciência e a filosofia. Como consequência, o que eles escreveram estava infectado com ilusões, exageros e equívocos. Da Bíblia podemos apreender alguma história, alguns aspectos de como os povos antigos viam o mundo, e até mesmo alguns conselhos morais, mas não podemos aprender algo sobre os aspectos metafísicos da realidade. Para isso devemos nos voltar à filosofia e abraçar as consequências da razão. Dito isso, Espinosa escreve, pode ser que a religião tenha seus usos políticos. As pessoas que não são adeptas de seguir os ditames da razão podem ser controladas através do imaginário da Bíblia (o medo do inferno e a esperança do céu, especialmente). Mas a pessoa sensata sabe melhor do que considerar uma destas noções seriamente.

Portanto, o pensamento político e religioso destes racionalistas mostram considerável desunião. Podemos sumariar as diferenças da seguinte maneira:

Pergunta	Descartes	Espinosa	Leibniz
A moralidade está baseada no autointeresse?	Sim	Sim	Não
A moralidade impõe recomendações políticas específicas?	Não	Sim	Sim
A Cristandade é verdadeira?	Sim	Não	Sim

Este sumário não faz justiça aos pensamentos destes filósofos, naturalmente. Mas ele indica que as semelhanças encontradas nas epistemologias e metafísicas não se traduzem em similaridades em outros domínios. Isso pode surgir como uma surpresa, uma vez que alguém pode inicialmente pensar que os filósofos com visões semelhantes sobre a razão e a realidade terão coisas similares a dizer sobre a moralidade, a política e a religião. Mas não é assim.

1

O mundo dualista de Descartes

Biografia

René Descartes nasceu em La Haye, França, em 1596. Sua mãe morreu menos de um ano depois, após dar à luz a irmã de Descartes, e pouco depois seu pai começou a viajar para longe a fim de tratar de questões legais e políticas por mais de seis meses ao ano. Descartes, sua irmã e seu irmão mais velho foram deixados sob os cuidados de amigos e parentes, e quando tinha 10 anos Descartes foi mandado para um rigoroso colégio jesuíta que buscava transformar meninos em cavalheiros piedosos e graciosos. Ele era estudioso, pequeno e com saúde débil. Recebeu uma educação completa em literatura clássica e latim, e se destacava em matemática. Depois do colégio ele seguiu a tradição da família e estudou para ser advogado, recebendo um diploma em Direito quando tinha 20 anos. Então deu-se conta de que não queria ser advogado, e não estava certo do que fazer. Seu irmão mais velho deveria herdar o título do pai e a maior parte de sua riqueza, e Descartes não teria direito a qualquer porção das posses da família até a idade de 25 anos. Assim, pelos cinco anos seguintes alistou-se no exército e serviu em várias funções como soldado nos territórios da França, Holanda e Alemanha. Pouco se sabe de suas atividades, muito embora nós sabemos que ele continuou a desenvolver seus conhecimentos de matemática e física e começou a formar uma visão de sua própria filosofia. Ele também aprendeu a arte dos jogos de azar, e, dada suas habilidades em matemática, ele provavelmente fosse muito bom nisso.

Quando fez 25 anos ele assumiu a possessão de algumas propriedades da família e logo as vendeu. E outra vez pelos próximos seis ou sete anos pouco se sabe de suas ações. Ele viajou à Itália, passou a maior parte de seu tempo em Paris, fez amigos, e continuou com seus estudos em matemática e ciência – e provavelmente fez aquilo que um jovem com recursos faria enquanto tenta encontrar seu caminho no mundo. Ele ficou desapontado com seus pais e irmão mais velho, que teriam preferido que Descartes se tornasse uma pessoa séria e tivesse um estilo de vida mais estável e seguro.

Em torno de 1628, quando entrou na faixa dos trinta anos, ele estava pronto para abandonar as diversões e as controvérsias de Paris e se esconder na Holanda rural. Tinha encontrado sua direção. Ele sentiu que tinha uma contribuição genuína a fazer em filosofia, e necessitava ficar livre da distração a fim de realizá-la. Era claro para ele que nossa visão do mundo precisa ser firmemente baseada nos resultados da ciência, experimentos e matemática. Começou então a realizar experimentos, fazendo lentes, praticando dissecação e deduzindo suas próprias conclusões. Em 1633 tinha formulado sua visão de mundo num trabalho que apropriadamente titulou *O mundo*, e que estava pronto para ser enviado aos seus editores, quando recebeu surpreendentes notícias: a Igreja Católica tinha condenado Galileu por sua crença de que a Terra girava em torno do Sol. Descartes concordava com Galileu, e também tinha feito esta afirmação em *O mundo*. Ele certamente não queria ser condenado e (como Galileu) ser colocado em prisão domiciliar para o resto de sua vida, ficando então sem saber ao certo o que fazer.

Ele se retirou, reorganizou e retrabalhou *O mundo* numa série de ensaios separados em geometria, ótica e meteorologia, todos prefaciados com o *Discurso sobre o método*, publicado em 1637. Isso foi seguido quatro anos mais tarde por um trabalho que deu as bases metafísicas para sua abordagem científica do mundo, *Meditações sobre filosofia primeira*. Ele publicou as *Meditações* com uma série de objeções de vários notáveis intelectuais europeus, e respondeu a eles. Esta obra foi seguida quatro anos mais tarde por seus *Princípios de filosofia* de quatro partes, um trabalho que explicou todo o sistema cartesiano e que se destinava por seu autor a se tornar no livro-texto padrão para a filosofia e ciência natural em toda a Europa. A obra quase se tornou isso. Descartes sustentava seu lema que "aquele que está escondido vive bem", mas suas publicações o levaram à ribalta pública. Ele foi imediatamente reconhecido como um dos maiores matemáticos de seu tempo, e as pessoas o viam como um crítico feroz e inteligente da ortodoxia científica, filosófica e teológica – um intelectual rebelde. Muitos o viam como ele mesmo se apresentava: um porta-voz do senso comum, chocando-se com a delicada treliça da filosofia escolástica com o aríete da nova ciência mecânica e experimental. (Uma vez, quando uma pessoa pediu para ver sua biblioteca, Descartes mostrou-lhe um corpo que ele estava dissecando, e disse: "Esta é a minha biblioteca".) E como ele frequentemente era atacado, revidava com idêntica veemência e veneno – que somente inflamava seus inimigos, naturalmente. Ele nunca concedeu um centímetro a seus críticos e frequentemente fez por parecer como se eles simplesmente não tivessem lido seus trabalhos com o suficiente cuidado. Pelo menos, suas respostas aos críticos são esplêndidas performances intelectuais de sua parte. Podemos sentir uma tensão interessante entre os trabalhos de Descartes e sua vida. Seu trabalho sugere um ato solo, de um homem que está mais interessado em conquistar a si do que o mundo, e um homem que não quer outra coisa do que paz na qual ele possa desenvolver suas meditações razoáveis sobre filosofia, matemática e a natureza. Mas sua vida estava cheia de amigos, inimigos, invejosos, orgulho, fama e controvérsia. Era pai de uma filha, Francine, que ele tratava com carinho, e que foi afastada de si devido a uma doença quando ela tinha somente cinco anos. Ele nunca casou, nem (do que sabemos) teve relações românticas depois daquilo. Seu último trabalho publicado foi *As paixões da alma* (1649), no qual tentou ensinar como uma pessoa deve manter saudável sua saúde, a alegria e a tranquilidade mesmo quando enfrenta as mais difíceis tragédias da vida.

Tornou-se crescentemente envolvido em controvérsias acadêmicas e religiosas até o fim da década de 1640, e em 1649 aceitou um convite para servir como tutor de Cristina, a rainha da Inglaterra. Lá, no difícil inverno nórdico, pegou pneumonia e morreu em 1650. Ele tinha 54 anos. Descartes tentou realizar duas revoluções em seu tempo de vida. Uma delas foi epistemológica: ele tentou basear sua filosofia em ideias simples que seus leitores pudessem descobrir por si, em vez de dogmas que tinham sido transmitidos através de séculos. A outra revolução foi metafísica: Descartes descreveu o mundo em termos que se adequavam com a nova ciência mecânica e matemática do mundo introduzida por Galileu. Estas revoluções também ajudaram a formar sua filosofia moral e religiosa, que explicaremos no capítulo 2.

As *Meditações*

Podemos começar nosso exame da filosofia de Descartes baseando-o em suas *Meditações da primeira filosofia* (1641). As *Meditações* foram escritas como um guia que se destinava ajudar qualquer viajante abençoado com o senso comum a chegar às verdades filosóficas mais fundamentais. Isso também a torna uma boa introdução ao seu sistema filosófico. Devemos começar seguindo livremente sua apresentação, e então devemos explorar várias outras regiões de sua visão de mundo filosófica à medida que elas surgirem.

Primeiro, uma palavra sobre o estilo de Descartes em *Meditações*. Este não é um trabalho no qual Descartes simplesmente apresenta o que ele considera que seja verdadeiro. O trabalho reconta suas descobertas à medida que ele medita sobre suas crenças em relação ao mundo. É uma crônica de suas descobertas, como um registro experimental. Há bastantes idas e vindas; Descartes irá afirmar algo, depois duvidará daquilo, e então aceitará as conclusões por razões bem diferentes das originalmente oferecidas para isso. Não vamos fazer uma crônica deste estilo de idas e vindas (ou "dialética") de seu trabalho, embora seja um retrato elegante no qual a reflexão filosófica ocorre.

A dúvida

Nas *Meditações* Descartes tenta determinar o que ele realmente sabe. Dá-se conta de que muitas coisas que lhe foram ensinadas mais tarde ele descobriria serem falsas, e quer saber se pode definir de uma vez por todas o que é verdadeiro. Assim, por exemplo, ensinaram-lhe que a Terra era fixa, e que o Sol girava em seu entorno; e agora ele acreditava (embora não desejasse proclamar) que a Terra girava em torno do Sol. Existe alguma maneira através da qual podemos separar todas as nossas crenças e afastar aquelas que consideramos serem falsas? Para começar este projeto ele observa aquilo que não pode duvidar. Mas como é que uma pessoa descobre o que é indubitável? O que é duvidar de algo? É suficiente dizer "Eu duvido disso?" Isso é muito fácil. Em vez disso, Descartes sugere que utilizemos o seguinte critério para determinar se determinada afirmativa ("X") pode ser posta em dúvida:

> *X pode ser posta em dúvida* = Eu posso conceber algum cenário (mesmo que ele pareça repugnante e bizarro) no qual X pode ser falso, mas eu ainda assim acreditaria que X é verdadeiro.

O critério exige que, quando duvidamos de algo, nós não só imaginamos alguma maneira de que a afirmativa da qual estamos duvidando possa ser falsa, mas também explicar por que nós passamos a acreditar que ela fosse verdadeira. Assim, por exemplo, podemos duvidar de que "Os seres humanos viajaram à lua" supondo que ser humano algum jamais tenha ido até lá, e ao supor que deve ter havido alguma manipulação (uma filmagem falsa, e assim por diante) pareceu a todas as pessoas que os seres humanos caminharam na lua. Descartes leva esta possibilidade ao extremo, uma vez que ele deseja descobrir o que possivelmente não pode ser posto em dúvida. Ou seja, qualquer cenário possível vale – mesmo um que não pode ser levado a sério.

Utilizando este critério, ele é bem-sucedido em duvidar de tudo que nossos sentidos sempre nos têm dito – tudo que sempre temos visto, ouvido ou lido. Ele faz isso sugerindo o cenário de que nossa experiência tenha sido somente um sonho. Suponha que estejamos sonhando, e que temos estado sonhando durante todas as nossas vidas; se assim for, então não podemos acreditar em nada do que vimos, ouvimos ou sentimos. Todas as nossas experiências seriam uma ilusão, arquitetada talvez em nosso subconsciente. Naturalmente, não nos parece agora que temos estado sonhando; mas então, outra vez, é assim que ocorre nos sonhos, não é? Nunca nos parece que estamos sonhando, mesmo quando as coisas mais grotescas estão acontecendo. Então somente o mero sentimento de que não estamos sonhando não prova nada.

Mas Descartes não terminou ainda. Ele pensa que existem algumas verdades que ainda assim saberíamos mesmo se estivéssemos sonhando. Afinal nossos sonhos, ele observa, não são puramente ruídos casuais. Certamente eles são misteriosos, mas fazem algum sentido. Os objetos usualmente se movem na maneira que nós pensamos que eles fazem durante nossa vigília; há relações entre causas e efeitos; e a básica geometria e aritmética do mundo permanecem constantes. Em suma, o mundo do sonho ainda é muito parecido com o mundo da vigília, em algumas maneiras fundamentais, mesmo se algumas coisas estranhas estejam ocorrendo nele. Talvez, se estivermos sonhando, não poderemos ter certeza dos aspectos particulares da experiência, mas se estivermos sonhando ainda assim poderemos ter certeza destes aspectos mais fundamentais da experiência. Ou será que podemos? Descartes trata de duvidar destes aspectos mais fundamentais sugerindo que, de tudo que sabemos, existe um ser muito poderoso (como Deus) que tem poder sobre nossa mente, e que é capaz de fazer com que certos aspectos e fatos parecem ser fundamentais e verdadeiros quando eles realmente são arbitrários e falsos. Este grande enganador poderia fazer parecer como algo óbvio o fato de que matérias intocadas possam reter suas formas e que 2 + 3 = 5 quando a verdade é algo muito mais estranho e inimaginável. Se levarmos a sério este cenário da existência de uma espécie de Deus sendo capaz de nos enganar, então argumenta Descartes que não podemos duvidar mesmo daquelas coisas que nos parecem mais claramente e como sendo distintivamente verdadeiras. Neste ponto não podemos descartar este cenário; ele parece possível, apesar de tudo, embora seja amedrontador e bizarro (para não dizer paranoide).

Neste ponto, Descartes pensa que tinha chegado ao limite, duvidando de quase tudo. A pergunta, no entanto, é se alguma coisa permaneceu de pé. Imaginemos que nossa experiência fique inteiramente à disposição de uma entidade enormemente poderosa, que nos faz ter experiências que não combinam de forma alguma com o mundo como realmente é. Neste caso, existe algo que não seja totalmente indubitável?

Cogito

Na segunda meditação, Descartes descobre uma destas verdades indiscutíveis: "Eu existo". Uma vez que não posso conceber cenário algum, não importando quão bizarro, no qual "Eu existo" seria falso, mas *Eu* ainda assim seria verdadeiro. Descartes está certo de sua própria existência porque qualquer ato de pensar ou de duvidar de sua parte pressupõe sua própria existência, ao menos como um algo pensante. Enquanto está pensando, ele sabe que existe. Nem mesmo Deus poderia enganar um ser inexistente a pensar que existe quando de fato ele não existe – já que não haveria a quem enganar! Esta percepção é usualmente referida entre os filósofos como "o *cogito*", que é a escrita taquigráfica para a sentença em latim *cogito, ergo sum* – "Eu penso, logo existo". O *cogito* é válido? Pode nos parecer perfeitamente óbvio que um ser inexistente não é capaz de nos enganar sobre algo – mas o que garante esta percepção? Se Deus pode nos enganar sobre a verdade aparente de que 2 + 3 = 5, por que poderia Deus também não nos enganar sobre o *cogito*? Descartes pode responder que o *cogito* é genuinamente diferente dos argumentos de que nós duvidamos sob o cenário de Deus-enganador. Simplesmente não é genuinamente possível para nós conceber um cenário no qual somos enganados a pensar que existimos. Podemos pronunciar as palavras "Talvez eu realmente não exista, mas ainda assim acredito falsamente que sim", mas nós ficamos martelando que é impossível levar esta ideia seriamente. É isto basicamente o que Descartes diz nos *Princípios de Filosofia*: "É uma contradição supor que o que pensa inexiste no exato momento em que pensa" (VIIIA, 7). Tentar negar o *cogito* faz surgir não exatamente uma contradição lógica, mas um tipo de contradição performática como que dizendo em voz alta: "Eu perdi minha voz". Dizer tal coisa *torna* isso falso. Não encontramos este tipo de contradição quando tentamos duvidar de que 2 + 3 = 5 ou de que um quadrado tem quatro lados, uma vez que podemos conceber de sermos enganados a pensar que estas afirmativas são verdadeiras quando elas não são. Mas não podemos imaginar sermos enganados a acreditar num *cogito* quando ele é falso. (Tente para ver!) Assim o *cogito*, ao contrário de outras afirmativas, escapa do cenário em que "Deus está me enganando", e de fato de qualquer cenário. Pelo critério de Descartes o *cogito* é indubitável.

Mais tarde, na terceira meditação, Descartes afirma que o *cogito* lhe é revelado por algo que chama de *luz natural*. "Seja lá o que for revelado a mim pela luz natural – por exemplo, de que estou duvidando de que isso decorre de que eu existo, e assim por diante –, não pode sob espécie alguma ser colocado em dúvida" (AT VII: 46).

Ele não explica exatamente o que esta luz natural é, mas parece ser a "luz da razão", ou o que pode ser certamente justo em virtude de sermos seres racionais. Ser racional é ter uma especial capacidade, e esta capacidade revela as verdades conhecidas através da luz natural. Podemos afirmar isso da seguinte maneira: se considerarmos que temos razão – que não somos completamente insanos –, então podemos estar certos de algumas verdades racionais, como o *cogito* e o que mais é mostrado pela luz natural. E se nós duvidarmos de nossa sanidade, então realmente não podemos estar certos de nada. (Esta dúvida duradoura, de que podemos ser insanos, é uma dúvida de que Descartes nunca considerou seriamente.)

Então Descartes acredita que existam certas verdades que são indubitáveis e que são conhecidas justamente em virtude de sermos racionais; são conhecidas independentemente de qualquer experiência particular. Estas verdades, Descartes explica, estão baseadas nas ideias com as quais nascemos, ideias que são inatas. A mais importante ideia inata, de acordo com Descartes, é a ideia de Deus. Esta é uma ideia que devemos explorar neste momento.

Deus

O *cogito* não revela muito; somente que Eu existo. E este "Eu" que existe, diz Descartes na segunda meditação, é somente uma coisa pensante; não sabemos com certeza que ele esteja conectado a qualquer tipo de corpo, ou mesmo que exista qualquer outra coisa. Pode ser um espírito incorpóreo flutuando no vazio, por tudo que sabemos. O "Eu" tem experiência – o que quer dizer, *parece* ver coisas, encontrar coisas, perceber coisas, e pensar sobre coisas –, mas ao começar a terceira meditação não temos por que pensar que esta experiência seja *verídica*. Em outras palavras, não temos razão para pensar que qualquer uma destas coisas sobre as quais pensamos realmente exista. Na terceira meditação Descartes argumenta que temos razão para acreditar que o "Eu" não está só no vazio. Ele argumenta isso examinando cuidadosamente as ideias que "Eu" tem, e imaginando se o próprio "Eu" pode ser a causa de todas elas. Sua esperança é que ele possa cruzar com alguma ideia que o "Eu" possa não ter sido causado por si, uma vez que ele teria razões para crer que algo mais existe – ou seja, a causa daquela ideia, seja ela o que for.

Esta estratégia funcionará somente se Descartes sabe o que implica para que algo seja a causa de uma ideia. Ele pensa que sabe, e nós podemos denominar isso como o *princípio da adequação causal*:

> A causa para qualquer ideia precisa ser ela mesma suficiente para produzir tudo que é o conteúdo daquela ideia.

Ou, segundo a terminologia de Descartes, a causa de qualquer ideia precisa ter pelo menos tanta *realidade formal* como a existência de *realidade objetiva* na ideia. "Realidade formal" visa capturar justamente quanto poder causal a causa da ideia tem; "realidade objetiva" visa capturar os poderes causais do objeto que está representado na ideia. Assim, os poderes causais representados na ideia não podem exceder os poderes causais da coisa que causa aquela ideia. Não podemos ter uma ideia de uma coisa fantasiosa, complicada e poderosa a menos que seja causada por algo que seja tão fantasioso, complicado e poderoso. Dizendo de uma forma mais simples: algo menor não pode gerar algo maior. Este princípio – que está relacionado ao que outros filósofos chamam de "o princípio da razão suficiente" – é mostrado pela luz natural, de acordo com Descartes. Se assim é, então é suposto ser algo indubitável, como é o caso de *cogito*.

Aqui desejamos pausar e considerar se o princípio da adequação causal é realmente indubitável. Por que uma coisa não poderia simplesmente aparecer sem causa alguma? Ou por que uma ideia rica em conteúdo não poderia ser causada por algo muito simples? Não há contradição em supor estas coisas. Ainda assim, em nome do próprio argumento, suponhamos que ele seja indubitável e veja como Descartes o utiliza.

Armado com o princípio da adequação causal, Descartes examina os tipos de ideias que ele tem, e pergunta se o "Eu" poderia ter causado todas estas ideias por si. Mas ele não avança quando considera a ideia de Deus. Sua ideia de Deus representa um ser que é infinito e perfeito. Mas o "Eu", argumenta Descartes, não tem poderes causais suficientes para gerar o conteúdo desta ideia. O "Eu" é claramente limitado – ignorante, indeciso e capaz de se tornar mais poderoso – enquanto Deus, como representado por nossa ideia de Deus, é perfeito, completo e incapaz de se tornar maior. De fato, somente Deus poderia causar uma ideia de uma coisa com este poder causal. Portanto, ele conclui, Deus precisa existir: pois somente Deus é suficiente para causar a ideia de Deus.

Uma objeção plausível a este argumento que Descartes considera é se o "Eu" poderia gerar a ideia de Deus meramente imaginando algo melhor do que a si, e então algo melhor ainda do que aquilo, e assim por diante, até formar a ideia abstrata de coisa perfeita. Descartes argumenta que, embora de fato isso possa ser a maneira como ele veio a saber sobre Deus, todo o processo pressupõe que tenhamos alguma ideia de Deus mergulhada em nossas mentes. Para se imaginar uma cadeia de coisas que cresce continuamente melhor, o "Eu" precisa já possuir uma ideia do que é ao fim daquela cadeia – o ser perfeito que estabelece a escala. De fato, a ideia de Deus é mais básica, diz Descartes, do que a ideia de qualquer coisa finita, incluindo nossa ideia de nós mesmos. As ideias das coisas finitas têm o conteúdo que possuem em virtude somente de existir a ideia de uma coisa infinita e perfeita, que pode ser limitada e particularizada em várias maneiras, de forma a gerá-las. A ideia de Deus se revela então sendo mais fundamental do que nossa ideia de nós mesmos.

Uma objeção plausível que Descartes não considera seriamente, no entanto, é se existe realmente qualquer conteúdo nesta ideia de Deus. Ele afirma "é bem claro e distinto, e contém em si mais realidade objetiva do que qualquer outra ideia" (AT VII: 46), mas admite que é uma ideia que ele não percebe plenamente, mas que pode meramente tocar em seu pensamento.

Isso deveria ser um sinal de alerta de que possivelmente não estivéssemos tratando de uma ideia genuína. Poderia ser talvez o fato de que existe algum ser poderoso nos levando a pensar que a ideia tem conteúdo máximo, quando na verdade não possui conteúdo algum? Ou será que estamos simplesmente utilizando as palavras "ser infinito e perfeito" sem dar a elas uma ideia genuína? Será que, em vez de termos uma ideia genuína de Deus, nós simplesmente temos um monte de coisas que sabemos que devemos dizer sobre Ele? Colocando de lado a última objeção, Descartes tenta utilizar este argumento para a existência de Deus a fim de afastar sua dúvida mais poderosa, a dúvida de que talvez estejamos sendo enganados por algum ser poderoso. Se temos uma ideia genuína de Deus, e o princípio da adequação causal é revelado pela luz natural, então podemos estar certos de que Deus existe; e, além disso, "é manifesta pela luz natural que todas as fraudes e decepções dependem de algum defeito" (AT VII: 52), de forma que podemos estar certos de que Deus não é um enganador. Se tudo isso assim é – e isso é um grande *se* –, então Descartes não tem mais uma maneira de duvidar dos aspectos e fatos fundamentais sobre o mundo que está presente e são verdadeiros em nossos sonhos. Isso significa dizer o cenário de que "Deus está me enganando" foi descartado, já que Deus não nos enganaria ou permitiria que sejamos enganados naquilo que nós clara e distintivamente percebemos.

Uma revolução racionalista

Precisamos assinalar brevemente aqui que resgatar nosso conhecimento dos aspectos fundamentais do mundo é uma parte importante da revolução metafísica que Descartes deseja realizar. Outros filósofos do tempo seguiram a filosofia de Aristóteles, e eles acreditavam que nossa ciência da natureza é obtida de nossa experiência sensorial. A máxima deles era de que nada existe no intelecto que não tenha estado primeiro em nossos sentidos.

Descartes, no fim, defende uma imagem muito diferente: a de que nós conhecemos, independentemente da experiência, os limites matemáticos e físicos básicos da natureza, e isso oferece a base de nosso conhecimento da natureza. Descartes realiza esta revolução em sua estratégia da dúvida: ele primeiro encontra as razões para duvidar sobre o que os sentidos dizem ("Devo estar sonhando"), e então ele encontra as razões para duvidar do que o intelecto entende sobre o mundo através da matemática e da física básica ("Deus deve estar me enganando"). Ele então trata de restaurar sua confiança em seu intelecto ("Deus existe e não é um enganador"), mas fica claro que ele não consegue nunca restaurar toda a confiança em seus sentidos. Assim, ao fim, o intelecto tem uma autoridade maior do que os sentidos, e o que nós sabemos através do intelecto supera qualquer coisa que os sentidos possam nos sugerir. Esta é uma revolução racionalista, a que coloca o *intelecto* – e não os sentidos – na base de nosso conhecimento.

Intelecto

Com seu primeiro argumento em favor da existência de Deus em *Meditações*, Descartes tratou de recuperar as verdades do intelecto da dúvida, embora ele ainda seja capaz de duvidar daquilo que os sentidos nos dizem. Em outras palavras, tanto quanto sabemos, podemos estar ainda dormindo. Mas este intelecto que Descartes resgatou pode nos dizer muitas coisas importantes sobre o mundo, mesmo se estivermos dormindo. O intelecto nos permite elaborar demonstrações e provas, assim como reconhecer declarações que são verdadeiras em virtude do significado dos termos. Descartes distingue o intelecto da imaginação, que é simplesmente nossa habilidade de formar representações, seja do real ou dos objetos "meramente imaginados" que são externos a nós. Esta imaginação está ligada a imagens, ou a experiências sensórias particulares; o intelecto não está amarrado desta forma. Considera as razões puras, se podemos ou não formar imagens sobre o que estamos pensando.

Há três ocasiões importantes nas meditações quando os poderes únicos do intelecto são chamados à ação, e examinado-os ajudará a entender o papel que eles podem ter na filosofia de alguém.

1) Na segunda meditação Descartes pausa para considerar se poderia ter mais certeza de sua própria existência como ser pensante do que as matérias que o envolvem. Ele examina então uma matéria próxima – uma peça de cera – e pergunta o que realmente sabemos sobre ela. Nossos sentidos nos dizem de que está em constante modificação: à medida que a cera esquenta, ela se modifica em temperatura, forma, cor, cheiro, tamanho e sabor. Mas nós sabemos que durante todo o tempo é um mesmo substrato de matéria que passa estas modificações. Sabemos ainda que, além de todas as qualidades sensórias em modificação, existe *algo* que é flexível, maleável e espacial. O que nos diz sobre este algo? Não pode ser os sentidos, uma vez que eles nos informam somente sobre as propriedades em mutação. A explicação de Descartes é que o intelecto nos diz algo sobre a natureza da extensão: nosso conhecimento da natureza fundamental da cera é entendido através do intelecto, não coletado através dos sentidos.

2) Na quinta meditação Descartes escreve sobre um quiliógono, uma figura de mil lados. Não podemos formar uma imagem clara de um quiliógono, já que ele é muito complicado, mas o

intelecto não enfrenta qualquer problema em pensar sobre suas propriedades. Por exemplo, se nós estivermos considerando um quiliógono regular (um que a imaginação descreveria como mais ou menos circular), o intelecto pode determinar o que a soma de seus ângulos precisa ser (como vimos na introdução). A imaginação é então mais limitada do que o intelecto, que está ligada somente pelo âmbito do que é conceitualmente possível.

3) Na quinta meditação Descartes oferece também outro argumento para a existência de Deus que está baseado no poder do intelecto. O conceito de Deus é o conceito de um ser que possui absolutamente todas as perfeições. A própria existência é uma perfeição, no sentido de que um ser que existe tem um poder maior do que um ser que não existe. Portanto, a existência pertence ao próprio conceito de Deus, o que significa dizer que Deus necessariamente existe. Este é um argumento que Descartes não poderia ter oferecido antes da terceira meditação, uma vez que naquela época – antes que provasse que Deus não o estava enganando – ele ainda não era capaz de confiar em seu intelecto.

O papel do intelecto na filosofia de Descartes é um dos fatores-chave para compreendê-lo como um racionalista. O credo racionalista é que, quando as aparências se chocam com o que o intelecto entende, o intelecto vence. O intelecto é uma via especial à verdade, e não está sujeito aos erros e ilusões dos sentidos, paixões e imaginação.

Ideias inatas

Devido a sua importância devemos examinar o intelecto um pouco mais e discutir a natureza das ideias que ele acaba conhecendo. Como foi dito acima, Descartes acredita que algumas ideias são inatas. Elas pertencem às nossas mentes simplesmente porque é impossível para uma mente ser uma mente sem elas; elas são necessárias para qualquer tipo de pensamento. Por exemplo, parece impossível a alguém ser capaz de pensar e ainda assim não ter o conceito de duas coisas como sendo similares; da mesma forma, coisa alguma poderia pensar sem ser capaz de reconhecer duas coisas como sendo *diferentes*.

Descartes vai um pouco além e afirma que ser um ser pensante também requer ter uma ideia de Deus, e do princípio da adequação causal (ou sua versão mais geral, de que a causa precisa ser suficiente para o seu efeito), e de todas as ideias que a mente é capaz de descobrir por si, desde que ela seja atenta e siga os canais lógicos do pensamento. O intelecto é, ao menos em princípio, capaz de descobrir qualquer ideia que a lógica é capaz de enquadrar.

De fato, num dos seus trabalhos publicados Descartes vai um pouco além e chama *todas* as ideias de inatas. Ele é levado a esta conclusão como o resultado da maneira com que ele vê a relação entre a mente humana e o corpo humano. Como veremos adiante, Descartes acredita que a mente é algo totalmente distinto do corpo, e o único efeito que um corpo pode ter sobre a mente é mandar à mente uma espécie de sinal, de forma que certas ideias inatas sejam evocadas. Num pequeno livro publicado em 1648 como uma tentativa de tentar se distanciar de um discípulo genioso, Descartes escreve que

> nada há em nossas ideias que não sejam inatas às nossas mentes ou à faculdade de pensar, com a única exceção daquelas circunstâncias que se relacionam à experiência, como é o fato de que nós julgamos que esta ou aquela ideia que temos agora imediatamente à frente de nossas mentes se refere a certa coisa situada fora de nós (AT VIIIB: 358).

Assim mesmo a ideia que nós encontramos na experiência – como um bode castanho e malcheiroso no jardim – é inata. (A ideia está depositada dentro de nós, desde o nascimento, esperando o "lembrete" certo para chegar à nossa consciência.) A única parte da experiência que não é inata, escreve Descartes, é o nosso julgamento das circunstâncias particulares que despertam uma ideia em nossas mentes. Assim meu julgamento de que estou experimentando a ideia deste bode *porque* ele realmente é um bode no jardim é um julgamento que vai além de qualquer coisa que possa ser encontrada em nosso depósito de ideias inatas.

Uma observação adicional sobre as ideias que o intelecto pode descobrir. Verdades puramente conceituais que se obtém entre ideias – verdades como "Duas coisas iguais a uma terceira são iguais entre si" e "2 + 3 = 5" e "Uma metade é menos que a metade de um todo" – são verdades sempre, ou são verdades independentemente do tempo. Descartes as denomina de *verdades eternas*. Filósofos posteriores também as denominaram de verdades *a priori*, ou verdades analíticas. São verdades que nada na experiência pode possivelmente contradizer. Pode-se pensar que são verdades absolutamente necessárias que não podem possivelmente ser falsas.

Mas surpreendentemente, Descartes não acredita que as verdades eternas sejam independentes da vontade de Deus. Ele afirma – com cuidado – que não podemos dizer que Deus não tem o poder de criar um universo diferente com um conjunto diferente de verdades eternas. Observe a maneira negativa de afirmar este ponto: não *podemos* dizer que Deus *não pode* fazer isso. É, de acordo com nossas mentes, impossível conceber que qualquer verdade eterna seja falsa; mas, por tudo que sabemos, isso ocorre somente porque Deus criou o universo de certa maneira, e os nossos intelectos de certa maneira, de forma que o que é possível combina com o que consideramos concebível. Não podemos dizer o que Deus poderia não ter feito. Sabemos somente aquilo que podemos imaginar ou em falhar de conceber, dada a maneira com que Deus formatou nossos intelectos.

Pontos-chave

- Descartes pensa que pode estar errado de quase tudo, à exceção do fato de que a mente existe: "Eu penso (*cogito*), logo existo".
- Descartes argumenta que somente Deus podia ser a causa de sua ideia de Deus. E a existência de Deus garante por sua vez que tudo que ele clara e distintamente percebe com sua mente precisa ser verdade.
- Descartes pensa que temos ideias inatas, em especial a ideia de Deus. Um ano mais tarde ele afirma que todas as ideias são inatas, e elas chegam à consciência graças às condições externas apropriadas.

Dualismo

Depois de toda esta discussão sobre o intelecto e as ideias inatas, podemos perguntar se Descartes vê afinal de contas alguma utilidade para o mundo físico. Naturalmente que sim. Mas antes de entrar nisso precisamos entender a relação entre o intelecto, ou a mente, e o corpo humano. Descartes distingue os dois, e pensa neles como entidades independentes.

Na segunda meditação, quando Descartes descobre o *cogito*, ele afirma sua existência como algo pensante, ou a mente. Não é até à segunda meditação que Descartes é capaz de provar a existência de seu corpo. Fica claro para ele que a mente e o corpo precisam ser coisas diferentes: mente e corpo precisam ser *substâncias distintas*, embora evidentemente eles trabalhem muito próximos um do outro. Descartes generaliza esta distinção entre corpo e mente para o resto do universo: ele assegura que todas coisas ou são coisas físicas (uma matéria) ou uma coisa mental (uma mente). Esta visão – de que existem duas espécies de coisas na realidade – é *dualismo*.

Neste momento precisaremos revisar alguma terminologia metafísica. As coisas no mundo, de acordo com Descartes, são *matérias*. Intuitivamente, uma matéria é uma coisa que existe por si. Uma caixa de cera, por exemplo, pode existir por si; mas sua cor, ou sua solidez ou sua forma não podem existir por si mesmas. Descartes chamaria estas qualidades dependentes de *modos* de cera. Os modos de um corpo mudam frequentemente à medida que os corpos diminuem, crescem e se alteram. Mas toda matéria tem também uma qualidade especial que não se modifica, uma qualidade essencial que a matéria não pode perder sem perder a existência. A qualidade especial é *o principal atributo* da matéria. O principal atributo da caixa de cera é sua *amplitude*, sua qualidade de ter algum tipo de tamanho. Se fôssemos retirar da cera sua qualidade de ter algum tipo de tamanho – de forma que não tivesse qualquer tamanho –, então teríamos transformado aquele pedaço de cera em nada.

A amplitude (ou mais simplesmente *extensão*) é o "atributo principal" das matérias, de acordo com Descartes. Há outro atributo principal: *pensamento*, que é o principal atributo das mentes. Se tirarmos da mente sua qualidade de ter algum tipo de pensamento – de forma que não tenha qualquer pensamento – então teremos transformado aquela mente em nada. Os modos de uma mente são os pensamentos particulares, sentimentos ou sensações da mente, que mudam frequentemente. Há dois atributos principais, nem mais nem menos; esta é outra maneira de caracterizar o dualismo de Descartes.

Matéria	Atributo principal	Modos
Alguma matéria particular.	Extensão (ter algum tamanho).	Tamanhos particulares, formas, movimentos.
Alguma mente particular.	Pensamento (ser capaz de pensar).	Pensamentos determinados, sentimentos, sensações.

Temos descrito entes particulares e mentes como matérias, uma vez que parecem ser coisas que existem por si. Mas de uma forma mais precisa Descartes pensa elas como sendo matérias de "segunda classe". Falando com precisão, a única coisa que realmente existe por si é Deus. Matérias particulares e mentes não podem existir sem Deus: Deus as sustenta na existência a cada e em todo momento, e sem aquela sustentação elas desapareceriam imediatamente. Ainda assim, matérias e mentes são mais autossuficientes do que os modos são; corpos e mentes apoiam-se em Deus para sua existência, enquanto os modos se apoiam tanto em Deus como nos corpos ou mentes aos quais eles pertencem.

Deus, de acordo com Descartes, é uma mente. Deus poderia não ser um corpo e permanecer infinito e perfeito, porque os corpos são por sua natureza divisíveis e portanto destrutíveis. Deus é indestrutível; portanto, Deus é sem extensão.

Matérias

Não há espaços vazios no mundo físico, de acordo com Descartes. Isso acontece porque o espaço, ou a extensão, é um atributo das matérias, e um atributo que não pode existir por si sem pertencer a alguma substância. O espaço não é o tipo de coisa que pode existir por si. É como o *tamanho*: as coisas têm tamanho, mas o tamanho não pode existir fora da coisa que o contém. De maneira que o espaço vazio seria nada, com uma propriedade – e isso, pensa Descartes, não faz sentido.

Naturalmente, com frequência parece como se os espaços ficassem vazios, como quando removemos um quarto ou esvaziamos um jarro, mas nestes casos Descartes diz que há sempre algum tipo de matéria que permanece e que separa as paredes do quarto ou os lados da jarra. Se não restasse alguma matéria, então nada haveria entre as paredes ou os lados, e, com nada entre eles, eles necessariamente estariam em contato um com o outro. Precisaríamos ser cuidadosos aqui para não pensar em correr para preencher o vazio; isso é simplesmente uma questão de que o espaço é. O espaço, outra vez, é um atributo dos corpos, e assim não pode existir um vazio "sem corpo" de qualquer tamanho ou dimensão. Descartes certamente reconhece, no entanto, que às vezes a matéria pode ser tão leve e fina como que para ser imperceptível por nossos sentidos, e nestes casos poderíamos muito bem julgar (de forma equivocada) um espaço como estando completando despojado de matéria.

Mas isso levanta uma questão: O que torna a matéria pesada e grossa ou leve e fina? Esta se torna uma questão profunda e difícil na física de Descartes. Precisamos recordar que Descartes não pode apelar à nossa compreensão de "densidade", uma vez (sem a existência de espaços vazios) toda a matéria é igualmente densa. Descartes pode somente voltar-se à *constituição* das matérias: de que partes eles são feitos e como aquelas partes são configuradas. Algumas matérias têm partes que são como caixas empilhadas, e isso as torna mais duras. Outras matérias têm partes que são como enguias escorregadias, o que as faz se comportar como líquidos. E ainda outras matérias têm partes que são como os mais suaves grãos de areia, capazes de passar através dos menores buracos – e estas matérias se comportam como gases. O mundo como um todo pode ser pensado como uma vasta extensão destes finos grãos de areia, com alguns aglomerados ocasionais misturados, que são as inúmeras matérias e líquidos. As matérias se movem e ocasionalmente colidem, obedecendo as leis de Descartes de movimento e colisão, e de toda esta matéria em movimento surgem todos os fenômenos de nosso mundo. Forma, tamanho e movimento – estas são em última instância as propriedades do mundo ao largo.

No entanto, podemos ainda pressionar Descartes na questão de como se distingue as formas das partes da matéria. Se toda matéria é em última instância o mesmo tipo de coisa, o que faz qualquer parte da matéria adquirir a forma de caixas empilhadas ou de enguias escorregadias? O que torna um corpo ter um contorno particular? Descartes define um corpo como aquele que se move como um todo através de uma região. Então imagine uma multidão de pessoas, e uma família de quatro que permanece junta pressionando para cruzar a multidão desde uma de suas extremidades até a outra. A família podia ser distinguida do resto da multidão, e ela tem certo tipo de família que se mantém à medida que ela se move através da multidão. Mas isso significa que, tão logo a matéria pare de se movimentar, ela se torna indistinta de seu ambiente – assim que a família para, ela se torna parte da multidão que a cerca. Além do mais, poderíamos muito bem perguntar o que leva as partes da matéria permanecer juntas à medida que a matéria se move.

É a forma das partes da matéria, e a maneira que aquelas partes são presas juntas? Se este é o caso, então isso nos leva de volta a nossa questão inicial, sobre o que faz aquelas partes ter certas formas. Nós chamamos isso de *o problema da individualização das matérias*. Descartes nunca o resolveu.

Este problema está relacionado à questão de quantas matérias e substâncias mais realmente existem, de acordo com Descartes. Ele quase sempre escreve como se cada matéria fosse uma substância, mas as matérias são distinguidas uma da outra somente por movimento, o que é um modo, e uma "distinção modal" é típica e insuficientemente forte para marcar a diferença entre as substâncias. (Considere que uma matéria, tal como uma peça de cera, ganha e perde modos ao longo do tempo, e ainda assim não inferimos que é uma substância diferente.) Em certo lugar, na sinopse de *Meditações*, Descartes sugere que o mundo todo estendido é uma substância simples, e as matérias são modos daquela substância. Esta visão será importante outra vez mais adiante, quando nós examinarmos a metafísica de Espinosa.

Movimento

Descartes fornece leis do movimento que descrevem como as matérias se movem e as maneiras nas quais elas comunicam o movimento de uma a outra. As principais leis são o princípio da inércia e o princípio da conservação do movimento. Descartes tenta demonstrar estas leis desde conceitos puros do intelecto: elas são, portanto, verdades eternas assim como as verdades da matemática.

Mas há o problema filosófico com o movimento na filosofia de Descartes, além do problema da individualização dos corpos. Movimento é o modo das matérias. Quando as matérias colidem, elas devem comunicar o movimento um ao outro. Mas – como foi amplamente reconhecido – modos não podem ser transferidos de uma matéria a outra. Um modo não pode ser separado de seu anfitrião da mesma forma que um tamanho particular ou uma cor poderia pular para fora de uma matéria, viajar através do espaço, e aterrissar noutra matéria. Pareceria assim que o movimento, como uma matéria, não pode ser transferido de uma matéria a outra. Nós podemos chamar este de *o problema da causalidade matéria-matéria*, e ele diz respeito à maneira fundamental na qual as matérias podem causar modificações em outras matérias.

Descartes tentou resolver o problema da causalidade matéria-matéria voltando-se à crença de que todas as substâncias dependem de Deus em todo e cada momento para sua continuada existência. E se assim é, então como Deus recria o mundo de momento a momento, Ele pode recriá-lo de tal maneira a fazê-lo parecer como se o movimento esteja sendo genuinamente comunicado entre as matérias em colisão. Especificamente, quando A e B colidem e A dá a B certa quantidade de movimento, o que realmente acontece é que Deus recria o mundo naquele momento em tal maneira que A perde algo de seu movimento e B ganha a mesma quantidade do movimento. Assim modos não são realmente transferidos de um corpo ao outro, e corpos realmente não exercem influência causal de um sobre o outro; as únicas modificações causadas nos corpos são realizadas por Deus, nos momentos de certas colisões. Descartes é considerado então um *ocasionalista* no que diz respeito à causalidade matéria-matéria. Retornaremos ao ocasionalismo mais adiante neste capítulo.

Todavia, não devemos deixar de ver a floresta em decorrência de todas as árvores. Apesar da individualização e da causalidade matéria-matéria, e outros problemas específicos com as leis particulares do movimento de Descartes, a física de Descartes está apontada na direção correta. Sua percepção básica é que no mundo físico nós encontramos somente matéria em movimento. As matérias colidem uma com a outra e conosco, e estas modificações em movimentos são percebidas por nós como luzes, cores, sons, temperaturas, gostos, cheiros e pressões. Mas o mundo propriamente dito, como material em movimento, pode ser descrito com precisão perfeita pela matemática; e as cores, temperaturas e o restante das coisas no mundo estão meramente no perceptor, e ocorrem de certa maneira como efeitos dos fenômenos matemáticos fundamentais. Este é o *slogan* da revolução científica do século XVII.

Devemos levar em conta que, na geração após Descartes, Isaac Newton desenvolverá uma física baseada em princípios similares da inércia e da conservação da força. Se Newton estava sendo genuíno quando afirmou que ele tinha sido capaz de ver o que viu somente apoiando-se nos ombros de gigantes, então Descartes foi um dos gigantes.

Hilemorfismo

De certa maneira, a principal motivação de Descartes para construir sua física mecânica foi colocar de lado a metafísica escolástica medieval do hilemorfismo, ou "a física da forma e da matéria". Os escolásticos sustentavam que cada substância é uma unidade de forma e matéria. A matéria é o que subjaz compondo uma substância, enquanto a forma é o que torna a substância um tipo particular de coisa (mineral, vegetal, animal, tigre, homem e assim por diante) e também determina o tipo de comportamento ao qual está normalmente inclinado. Um pedaço de terra, por exemplo, devido a sua forma, tenta procurar o centro do universo. A forma da coisa pode também ser identificada como sua alma, ou algum princípio organizativo que dá substância a sua natureza, direção e propósito. Colocando este tema numa forma menos caridosa – como Descartes frequentemente fazia – a metafísica do hilemorfismo atribui "pequenas almas" a tudo, e baseia a física do mundo no desejo e impulsos contidos nele. Descartes procurou substituir esta visão com uma física menos comovente e mais mecânica do movimento e colisão.

Para ver estas diferenças entre os dois, imagine as maneiras de relatar o calor que uma pessoa sente quando senta próximo ao fogo. Os escolásticos afirmariam que o fogo é composto de alguma matéria e forma, e que o fogo é de alguma maneira capaz de empacotar as formas de sua cor, calor e cheiro e enviá-los ao corpo de alguém, que os recebe, abre os pacotes e pega (de alguma maneira) aquelas formas da cor, calor e cheiro. Desta forma uma pessoa vê o fogo, sente o calor, e cheira o odor.

O relato de Descartes, por outro lado, é bem diferente. Ele afirmaria que o fogo é uma região excitada da matéria, que comunica o movimento às partículas vizinhas, e à medida que estes movimentos são comunicados à pele de alguém, pupilas e narinas, uma pessoa acaba com as percepções do calor, luz e cheiro.

A partir de nossa perspectiva, o estilo de Descartes de explicar tem algumas vantagens claras. Primeiro, o movimento pode ser descrito e governado por leis matemáticas, enquanto as "formas de calor" e assim por diante não podem. Segundo, os escolásticos terão alguma dificuldade em explicar por que alguns observadores terão percepções bem diferentes do fogo. Imagine algumas outras pessoas vindas de uma nevasca para desfrutar de uma fogueira que fizemos; por que eles desfrutariam de uma sensação de calor maior do que nós, já que, de acordo com a teoria escolástica, todos deveriam estar recebendo os mesmos pacotes? Descartes pode explicar estas distintas percepções assinalando os diferentes estados de movimento nos corpos dos perceptores: os corpos das pessoas da nevasca foram desacelerados pelo frio, e assim eles experimentam uma excitação maior de movimento dentro de si. Finalmente – e, no fim, mais importante – o estilo de Descartes é mais simples e oferece uma unidade teórica: em vez de dezenas, centenas ou até mesmo milhares de pequenas formas postas em marcha (uma por qualidade observável), nós temos simplesmente movimento.

Pontos-chave

- Descartes acredita que existam em última instância dois tipos de coisas no mundo: coisas estendidas (corpos), e coisas pensantes (mentes). Esta visão é chamada de dualismo.
- Tamanho é uma propriedade das matérias, de forma que não pode existir uma região corporal de algum tamanho sem matéria (ou seja, vazia).
- O movimento não pode ser transferido entre os corpos. Mas Deus recriou os corpos de instante em instante de tal forma a parecer como se parece. Esta visão é chamada de ocasionalismo.
- Baseando sua física no tamanho e no movimento somente, Descartes oferece uma simpática alternativa matemática à física de Aristóteles.

Mentes

As outras substâncias no universo (além dos corpos) são as mentes. Elas são opostos espelhados dos corpos. Podem pensar, enquanto que os corpos não. Os corpos são estendidos, enquanto as mentes não o são. E as mentes são indivisíveis, enquanto os corpos podem ser divididos sem limite. Na segunda meditação Descartes descobre a mente quando ele descobre que ela é uma coisa pensante – "uma coisa que duvida, entende, afirma, nega, que deseja, e que não deseja, e que também imagina e tem percepções sensórias". As mentes concebem o mundo: elas o representam para si, e elas aprovam ou desaprovam o que elas descobrem. Meros corpos não podem fazer nada disso. Eles não têm intimidade, nem mentalidade.

Assim como nós perguntamos como Descartes individualiza os corpos, podemos querer saber como as mentes devem ser individualizadas. Sabemos que todas as mentes têm os mesmos atributos, ou seja, o pensamento. Além disso, suas diferenças são meramente de maneiras: as crenças individuais de uma pessoa e as percepções são umas diferentes de outras. Mas naturalmente o mesmo é também verdadeiro para uma única pessoa em diferentes momentos, sendo portanto difícil ver que tendo diferentes percepções, ideias ou crenças seja suficiente para tornar duas mentes genuinamente distintas.

Descartes pode retornar a sua definição de "substância" e afirmar que duas mentes são duas substâncias distintas em virtude do fato de que uma podia ser eliminada sem destruir a outra. Mas isso ainda não explica o que as *torna* diferente; é simplesmente outra maneira de anunciar o fato de *que* elas são diferentes uma da outra. E enquanto Descartes tenha talvez desejado dizer que em última instância existe somente uma substância estendida, ele certamente não quis dizer o mesmo sobre as mentes. Uma vez que, quando chega o momento de louvar e apontar culpas e os destinos pós-terrenos, é importante preservar as linhas que separam as mentes individuais nítidas e claras. De forma que devemos supor junto com Descartes que as diferenças de modo nos são suficientes para individualizar as mentes. Ainda assim, o que é exatamente que as mentes fazem? De uma forma geral, elas separam duas esferas de atividade: elas *pensam* e elas *desejam*. Pensar é enquadrar, explorar e considerar ideias. As ideias, como dito acima, são todas inatas às mentes, e a mente é capaz de recordar estas ideias (sob as condições corretas), estudá-las, deduzir consequências delas, relacionar umas com as outras, organizá-las e construir teorias a partir delas. Estas são as atividades do intelecto. Ao mesmo tempo, a mente é capaz de afirmar ou negar estas ideias: eu posso acreditar numa ideia, e pensá-la como sendo verdade, ou negá-la ou rotulá-la como falsa. Estas são ações da vontade.

O desejo

Descartes acredita que nosso intelecto é limitado: em qualquer momento nós apenas compreendemos tantas coisas, e muitas vezes ficamos inseguros. Mas ele pensa que a vontade é ilimitada, no sentido de que somos incapazes de afirmar ou negar qualquer ideia. Num aspecto, ele pensa, somos como Deus, que também tem um desejo ilimitado. Mas isso é assim porque ao mesmo tempo somos capazes de cometer erros. Somos capazes de afirmar ideias mesmo quando nossos intelectos não são capazes de obter qualquer compreensão genuína. De forma que dizemos "Sim" a ideias que não são claras e distintas, e é assim como nós cometemos erros. Observe que, após a terceira meditação, onde Descartes visa provar que seja o que for que tentemos clara e distintamente perceber como verdadeiro (pois Deus não é um enganador), não podemos realmente cometer erros dizendo "Não" a ideias que são claras e distintas, uma vez que não temos mais como ter dúvidas sobre elas.

Descartes oferece este relato sobre o erro humano na quarta meditação, onde a preocupação central é reconciliar o fato de que Deus nos criou, e garante o que nós clara e distintamente percebemos que seja verdadeiro, com o fato de que nós cometemos erros. Sua reconciliação é que talvez uma criatura, em virtude de ser uma criatura, possa ter somente um intelecto finito, e que uma vontade não pode ser livre caso não seja outra coisa que algo ilimitado. Se um desejo fosse restringido de tal maneira que não pudéssemos afirmar somente ideias distintas e claras, então o desejo não estaria jogando qualquer papel genuíno; o intelecto seria a faculdade de decidir no que acreditamos ou no que não acreditamos. Então, conclui Descartes, nossa imperfeição é de fato consistente com nosso ser criado por um ser perfeito.

Mas devemos observar que Descartes trata a *liberdade* de duas maneiras diferentes. Às vezes "a liberdade" significa a capacidade de afirmar ou de negar, sem estar limitado a fazer um ou o outro. Esta é a liberdade da *indiferença*. Ele chama isso de baixo grau de liberdade. Um grau maior de liberdade é nossa capacidade de afirmar ideias que são claras e distintas, ou sustentar julgamentos de ideias que não são claras e distintas. Quando julgamos desta maneira, nosso julgamento está sendo governado por nossa razão. Tais julgamentos são considerados livres porque não estamos sendo ludibriados, iludidos ou coagidos por qualquer agente estranho a nós. Nestes casos estamos livres para julgar casos que acharmos conveniente. Esta é a liberdade da *espontaneidade*, no sentido de que nossos julgamentos se originam em nós (espontaneamente) em vez de serem forças externas ou circunstâncias. Descartes pensa que temos ambos os tipos de liberdade, embora ele preze mais a espontaneidade do que a indiferença. Devemos examinar estas coisas em grande detalhe no capítulo 2.

Corpo e mente

Mas – voltando a um argumento prévio – que evidência existe de que a mente humana e o corpo humano são realmente duas coisas distintas? Descartes oferece dois argumentos. Primeiro, ele oferece um argumento desde a conceptibilidade. Este argumento apoia-se na afirmativa de que cada um pode ser concebido clara e distintamente sem o outro. Podemos facilmente imaginar uma matéria que nada faz, mas que lá está, estendida e sem pensar. E pode imaginar (ou, ao menos, Descartes pensa que podemos imaginar) uma entidade que pensa, concebe e imagina sem ter qualquer tamanho, forma ou localidade; tal entidade seria um espírito puro sem presença física ou vinculações. Se podemos conceber estas coisas de forma clara e distinta, então elas são possíveis. Em outras palavras, seria possível a Deus criar o corpo humano sem a mente ou a mente sem o corpo humano. E se uma coisa pode existir sem a outra, então as duas são genuinamente distintas. Este argumento pressupõe que exista algum tipo de ligação entre o que podemos distinguir em pensamento e o que o mundo pode distinguir em realidade. Mas o que garante esta ligação? A resposta de Descartes foi dada na terceira meditação: nós sabemos que podemos confiar naquilo que percebemos de forma clara e distinta, uma vez que a perfeição e a grandeza de Deus não nos permitiria ser enganados a este respeito.

O segundo argumento de Descartes foca numa importante diferença entre as matérias e as mentes. As matérias são divisíveis. Mas as mentes são indivisíveis, no sentido de que não podemos conceber somente a metade de um pensamento, ou somente a metade da consciência, ou somente a metade de uma perspectiva sobre o mundo. Agora, se existe qualidade naquilo que uma coisa possui e que falta noutra coisa, então isso deve mostrar que elas não são a mesma coisa. E se elas não são a mesma coisa, elas são pelo menos em princípio separáveis, e assim genuinamente distintas. Este argumento é perfeitamente honesto – embora existam na psicologia casos de ferimentos cerebrais causados por acidentes que podem nos tornar suspeitos de que as mentes sejam afinal de contas divisíveis.

Nós devemos observar que Descartes pensava que somente os seres humanos possuem tanto mentes e matérias. Os demais animais, como o jumento e as girafas, têm corpos, mas não têm mentes. Descartes considerava os animais não humanos como algo similar a complicados brinquedos orgânicos, que foram programados para se comportar de maneiras diversas, mas que não experimentaram nada ou que possuam qualquer grau de consciência. Ele foi criticado por pensadores que o sucederam por encorajar uma desconsideração pelo sofrimento de animais não humanos. De fato, ele acreditava que eles não sofriam, independentemente do que lhes acontecia.

Interação corpo e mente

Suponha, então, que a mente e o corpo sejam substâncias distintas. Os corpos são estendidos, e a matéria é sujeita às leis da natureza; as mentes não o são. As mentes podem enquadrar as ideias, considerar a suspeição, dúvida, negação, afirmar, sentir e imaginar; os corpos não. Elas são tão distintas como duas coisas podem possivelmente ser. Ainda assim, parece ser verdadeiro que as mentes e as matérias interagem. Uma mente decide mover, e os corpos se movem. Partículas estimulam a retina, e a mente vê a cor. Como pode haver interação causal entre tais tipos tão diferentes de substâncias?

Se recordarmos o ocasionalismo aparente de Descartes no que diz respeito à relação causal de matéria com matéria, podemos esperar que ele apresentaria um relato causal similar entre a mente e o corpo. Lembre que, de acordo com Descartes, quando o movimento parece ser transferido de um corpo ao outro, o que realmente acontece é que Deus afasta um movimento do primeiro corpo e acrescenta movimento ao segundo corpo. Deus, como o grande agente causal, certamente tem o poder de causar uma coordenação similar entre o que acontece na mente e o que acontece no corpo. Surpreendentemente, no entanto, a evidência textual sugere que Descartes era um ocasionalista no que diz respeito à causalidade mente/corpo. Em vez disso, ele acredita que a mente e o corpo estão em "genuíno" contato causal um com o outro. Talvez ele estivesse preocupado que, tornando o poder de Deus um elemento crucial na causalidade mente/corpo, ele estivesse tornando Deus moralmente responsável pelas decisões malignas que os seres humanos às vezes fazem.

Na metade e ao fim da década de 1640, a Princesa Elisabeth da Boêmia se correspondeu com Descartes sobre a causalidade mente/corpo. Ela queria saber como isso seria possível de acordo com sua metafísica. Descartes explicou que na metade do cérebro existe algo chamado de glândula pineal, que (pensava ele) é onde os nervos se unem. A glândula pineal está cercada por vários fluidos leves, chamados de espíritos animais. A mente, dizia Descartes, é capaz de mexer com estes espíritos, levando-os ao movimento, fazendo com que a glândula pineal modifique a posição como se fosse um leme e levando o resto do corpo a fazer certo movimento. E, ao contrário, se o movimento do corpo faz com que a glândula pineal se mova, os espíritos animais são mexidos, e aquele movimento é comunicado à mente e interpretado como certo tipo de percepção. Mesmo assim, clamava Elisabeth, a mente é imaterial. Como ela pode ser a causa do movimento em qualquer tipo de fluido, independentemente de sua leveza?

Em última instância Descartes tem que responder: "de uma certa maneira não compreendemos plenamente". Mas ele não oferece esta resposta imediatamente. Primeiro ele leva Elisabeth a uma estranha e interessante jornada conceitual. Ele observa que os escolásticos têm uma noção de "solidez" que de fato era uma mistura de componentes físicos e mentais: os corpos são pesados, disseram os escolásticos, porque seu primeiro componente, a terra, esforça-se em buscar o centro do universo. Em sua ideia de "solidez" existem contribuições igualmente materiais e mentais, assim como dentro da matéria da própria terra está o desejo de chegar ao seu natural lugar de descanso. Assim sendo, Descartes não pensa endossar por um minuto sequer esta compreensão escolástica de "solidez", mas ele reconhece que Deus pode ter implantado esta estranha ideia híbrida em nossas cabeças por alguma boa razão. Mas ele pensa que isso não era para entender a moção declinante dos corpos. Em vez disso, ele sugere, esta é a noção que deveria ser aplicada ao caso da interação corpo/mente. Deus nos supre com esta estranha noção física/mental combinada, de forma que podemos conceber como a mente humana e o corpo estão integrados numa união substancial. Os escolásticos meramente fincaram a ideia no lugar errado em sua teoria.

Descartes certamente está em apuros com esta especulação, mas ela é brilhante: ele espeta os escolásticos e dá um gancho neles com sua própria solução como sendo um arpão. Mas quando Elisabeth pressiona pedindo mais explicações, Descartes declara humildade e reverente ignorância. Sem responder a esta questão, toda interação entre a mente e o corpo é um puro milagre. A mente fazendo o cérebro mover-se não é menos milagroso do que fazer uma colher entortar. E o cérebro mandando informação à mente consciente é tão miraculoso (e impensável) como uma locomotiva partilhando seus sentimentos conosco. Descartes quebrou o universo em dois, e nunca conseguiu construir uma ponte.

Pontos-chave

- Descartes divide o universo num mundo de corpos mecânicos e noutro mundo de mentes imateriais.
- Deus é o criador deste mundo, governando todas as interações físicas e garantindo que a estrutura da mente humana espelha a estrutura fundamental do mundo.
- A mente e o corpo são distintos um do outro, mas eles de alguma maneira são capazes de interagir um com o outro; Descartes nunca foi capaz de explicar como isso é possível.

2

A moralidade de Descartes e **As paixões da alma**

O lugar da moralidade na filosofia de Descartes

Decartes é lembrado principalmente por sua contribuição em epistemologia, metafísica e física. Segundo seu próprio relato, estas descobertas filosóficas têm valor somente na medida em que elas nos permitem melhorar nossas vidas e ganhar excelência moral. "Então o todo da filosofia é como uma árvore", ele escreveu em sua obra *Princípios da filosofia*. "As raízes são metafísicas, o tronco é a física, e os galhos emergindo do tronco são todas as outras ciências, que podem ser reduzidas às três principais, ou seja, a medicina, a mecânica e a moralidade" (AT IXB: 14). E ele continuou: "Por 'moralidade' eu entendo o sistema moral mais superior e mais perfeito, que pressupõe um conhecimento completo das outras ciências e que é o último nível de sabedoria". E assim, embora ele tenha escrito comparativamente pouco sobre a moralidade (e igualmente pouco sobre a medicina e a mecânica), ele considerou a moralidade como sendo um dos grandes objetivos finais de sua filosofia. Afinal de contas, ele viu isso como nível superior da sabedoria. A primeira vez que Descartes estabeleceu algumas regras morais ocorreu em seu *Discurso sobre o método*, publicado em 1637, quando ele tinha 41 anos. Devemos lembrar que neste trabalho, assim como em *Meditações*,

Descartes está pretendendo fazer a crônica de sua aventura como um peregrino em busca da verdade. Seu objetivo é descobrir sobre o que ele tinha certeza – o que em última instância é real, se existe o bem, e o que realmente ele é, e assim por diante. Mas no *Discurso*, antes que avançasse bastante nesta trilha, ele pausa para estabelecer suas orientações para sua vida enquanto ele está no processo de tentar duvidar de tudo de sua vida anterior. Sua preocupação é que ele pode causar a si algum mal real caso tome importantes decisões em sua vida enquanto estiver envolvido em profunda e penetrante dúvida. De forma que ele estabelece um "código moral provisório" – um código que possa orientá-lo enquanto realiza sua investigação, como um pequeno abrigo no qual uma pessoa busca refúgio enquanto reconstrói uma casa. Ele apresenta três máximas:

1) Obedecer as leis e os costumes do meu país, sustentando constantemente a religião na qual, por graça de Deus, fui instruído desde minha infância, e me orientando em todas as outras questões de acordo com as opiniões mais moderadas e menos extremas (AT VI: 23).

2) Ser tão firme e decisivo em minhas ações quanto eu puder, e seguir mesmo as opiniões mais duvidosas, uma vez que as tenha adotado, com tanta constância do que como se tivesse certeza delas (AT VI: 24).

3) Tentar sempre me controlar em vez de tentar a sorte, e mudar meus desejos em vez de mudar a ordem do mundo (AT VI: 25).

Estas são as máximas que ele pensou que poderia seguir independentemente da forma visível que sua vida tomasse, caso ele se tornasse um soldado, um advogado ou cientista. Mas ao mesmo tempo ele tomou a firme decisão sobre a direção que sua vida pudesse tomar:

> Sem desejar dizer coisa alguma sobre as ocupações dos outros, pensei que não poderia fazer coisa melhor do que continuar com aquela na qual estava envolvido, e devotar

> toda minha vida para cultivar minha razão e avançar tão longe quanto possível no conhecimento da verdade (AT VI: 27).

Ele decidiu ser um filósofo. Mas Descartes foi em grande medida silencioso sobre ética por cerca de oito anos após esta publicação. Ele publicou as *Meditações* e os *Princípios* (com a analogia da árvore apresentada acima), e escreveu muitas cartas, mas não indica nada além deste código moral provisório. Então, em 1645, em sua correspondência com a Princesa Elisabeth da Boêmia, ele despeja mais reflexões sobre a moralidade. E finalmente, em sua última publicação, *As paixões da alma* (1649), ele apresenta sua psicologia moral.

Por que o lapso, e por que o interesse repentino? O lapso se deve sem dúvida à energia que devotou a sua metafísica, física, epistemologia e teologia. Os anos de 1637-1645 foram totalmente dedicados a estes esforços. Mas estes esforços dedicados a redirecionar o pensamento ocidental acabaram envolvendo-o em grande controvérsia. Ele foi atacado por vários teólogos, e reagiu com ferocidade similar. Ao mesmo tempo, ao longo desses anos ele conviveu com o luto: sua filha Francine morreu em 1640 com a idade de cinco anos. Esses eventos devem tê-lo forçado a séria reflexão sobre a maneira que ele deveria levar a vida: com o que ele deveria cultivar relações e o que deveria evitar fazê-lo. E, como um homem na metade de sua vida natural, ele provavelmente voltou-se a questões sobre o que na vida tinha significado e o que é passageiro. Quando a Princesa Elisabeth começou a lhe perguntar questões provocadas pelas complicações de sua própria vida, ela encontrou um homem que estava se fazendo muitas das mesmas perguntas.

No restante deste capítulo examinaremos estas últimas reflexões sobre a moralidade. Mas primeiro devemos observar que certa ética exerceu forte atração sobre a filosofia de Descartes desde o início. Ele decidira logo no início voltar-se ao interior, esconder-se em áreas remotas e devotar sua mente a uma esfera ideal de corpos puros e almas imateriais. Naturalmente, ele não era um eremita, e procurou a fama para suas realizações. Mas ele não queria que sua notoriedade prejudicasse a doce tranquilidade que amaciava sua vida. Naquele pacífico abrigo ele procurou disciplinar sua mente e suas paixões, de forma que pudesse controlar tanto quanto possível sua experiência, e, onde isso não acontecesse, controlar suas reações com aquilo que a vida lhe reservava. Ele era, em suma, um estoico. Procurou levar uma vida de razoável autocontrole, com um porto seguro interno para protegê-lo no caso de alguma tempestade.

O código moral provisório

Muitos leitores consideraram a primeira máxima de Descartes nada surpreendente. Descartes era um pensador arrojado e radical, duvidando do que séculos de filósofos consideraram como verdade indiscutível, e decidindo ir mais ou menos junto com a multidão e permanecer firme no senso comum tanto quanto possível. Há o que dizer sobre esta máxima para conectá-la com o caráter revolucionário do pensamento de Descartes, ou a extraordinária profundidade de suas investigações metafísicas?

Precisamos ter em mente o momento no qual Descartes é forçado a estabelecer estes princípios provisórios. Ele estava prestes a embarcar numa profunda investigação sobre o que é verdadeiro e sobre o que é falso, e necessitava de algumas regras para mantê-lo longe dos problemas. Ele pensa que estaria seguro se tentasse ficar próximo ao que é usual em sua própria cultura local, país e religião. E, de fato, aquela é uma aposta segura, em pelo menos duas maneiras. Primeiro, é segura porque não atrairá a atenção dos zelosos agentes que aplicam as leis sociais e religiosas. (Devemos lembrar que Descartes recém tinha evitado a publicação da obra *O mundo*, após ver o que tinha acontecido a Galileu.)

Segundo, é segura porque, nesta fase, ele não está equipado para oferecer nada melhor do que a moralidade oferecida pelo mundo ao seu redor, e por tudo que sabe o código moral que todos seguem pode ser o correto. Se você está perdido num campo e há somente uma trilha, provavelmente a seguirá, mesmo que existam dezenas de outras possíveis direções que pode tomar, e, mesmo se você não está certo para onde ela se dirige, a percorrerá. Muito provavelmente, a trilha lá está por alguma razão. A estas observações sobre a segurança da primeira máxima nós podemos acrescentar algumas mais. Primeiro, seguindo a moralidade de certa sociedade, afeta somente o comportamento exterior de alguém, pois ao se permanecer no senso comum se permite uma maior liberdade mental. Em suma: se você deseja um pensamento contínuo, o obterá conformando-se às expectativas sociais dos outros do que tentando reformar a sociedade no seu entorno. "Vá em frente", pondera a ideia, "e não faça os outros interromper a paz que você necessita para fazer suas meditações". Talvez isso seja egoísta ou desonesto. Mas até que Descartes descubra por si o que ele pensa ser verdadeiro, ele não está equipado para desafiar o *status quo*. Sua melhor aposta é mentir um pouco até que ele sinta que tem uma melhor compreensão de como deve viver. A segunda observação é que o tema moral que percorre a vida de Descartes é "tentar gerir a mim mesmo em vez de gerir o mundo" (como afirmado na terceira máxima). Muito poucos de nós serão capazes de mudar a moralidade ou a religião da cultura na qual fomos criados, mesmo se quisermos. Mas qualquer um de nós pode acomodar nossas vidas externas àquelas práticas, e encontrar então um espaço privado dentro de nossas vidas para fazer o que se considera como sendo o mais significativo. (Ou isso é verdade, caso tenhamos a suficiente sorte de não viver em qualquer uma das mais opressivas sociedades do mundo; Descartes pensava que ele era este afortunado, e de uma forma geral ele estava certo.)

Com estas observações, a primeira máxima de Descartes é de fato radical, principalmente pelo que não diz. Ela *não* nos diz para considerar nossa própria sociedade ou religião como especialmente dotada de autoridade, e ela não nos diz para reverenciar o local onde por acaso nascemos como o lugar para encontrar a melhor moralidade. Em vez disso, ela simplesmente recomenda que demos o que cabe à nossa sociedade, de forma a nos conceder a máxima liberdade na qual possamos filosofar. Ela nos diz que nossos objetivos individuais da filosofia são na realidade mais significantes do que qualquer sociedade pode nos pedir. Então devemos fazer o pouco que devemos fazer para sobreviver em nossa sociedade, de forma que privadamente nós devemos devotar nossos esforços na direção daquilo que realmente é importante. De fato, a segunda máxima amplifica esta atitude: "Ser tão firme e decisivo em minhas ações quanto me for possível, e seguir mesmo as mais duvidosas opiniões, uma vez que eu as tenha adotado, com não menos constância do que se eu tivesse absoluta certeza" (AT VI: 24). De fato, Descartes nos diz: "Quando você tem que tomar uma decisão, tome-a e se apegue a ela; isso será mais simples do que ter que revisitar a decisão uma e outra vez". Além disso, como escreve Descartes, nossas mentes estarão menos atormentadas se nós resolvermos de forma firme ir em frente com nossas decisões:

> Ao seguir esta máxima eu posso me libertar de todos os lamentos e remorsos que usualmente perturbam as consciências daqueles espíritos fracos e hesitantes que se deixam levar por um suposto curso de ação considerado bom e que mais tarde, em sua inconstância, eles julgam ser ruim (AT VI: 25).

Observe que a principal preocupação de Descartes aqui não é se nossas decisões e ações realmente são boas ou ruins. De fato, dada a situação em que ele está, ele não se julga competente para julgar aquela matéria. Sua principal preocupação é estabelecer regras práticas para a vida que sejam tão livres de fricção e de erro óbvio quanto possível. Ele diz que sua situação é como a daquele homem perdido no bosque. Ele não sabe qual direção é a correta, mas sabe que se não marchar de forma decidida numa linha reta ele permanecerá perdido. Neste caso – uma decisão menos que ideal, certamente –, decidindo agir com decisão é melhor do que continuamente retroceder e reconsiderar a sua própria estratégia. E, além disso, ele pensa que devemos estar mais felizes se nos apegarmos a nossas decisões em vez de continuamente revisitá-las e perguntar se nossas decisões estão corretas. Como Descartes mais tarde escreveu, "Nada causa lamento e remorso, exceto a indecisão" (AT IV: 295).

De uma forma geral, a moralidade provisória de Descartes destina-se ao seu estilo de vida filosófico. Se desejarmos descobrir por nós mesmos o que seja verdadeiro e valioso, e pensarmos que a melhor maneira de agir seja através de intensa meditação privada, então desejaremos um código que minimiza fricção com o mundo externo e maximiza nossa liberdade para a reflexão filosófica. Há a possibilidade de que, nesta reflexão toda, nós possamos descobrir eventualmente um código moral mais substantivo. E este é o sentido no qual o código moral de Descartes é somente "provisório": ele nos oferece uma estrutura para nossas vidas que nos permite descobrir uma estrutura ainda mais adequada para nossas vidas – caso esta estrutura exista.

Alegria

A filosofia moral de Descartes está baseada numa concepção particular de alegria humana. De forma razoável, Descartes passou a acreditar que a vida de uma pessoa deve ser direcionada a um saudável contentamento duradouro. Possuindo aquela alegria é o que torna a vida humana boa. Mais tarde em sua vida, num trabalho denominado *As paixões da alma*, Descartes realizou uma investigação psicológica sobre as emoções humanas com o objetivo de descobrir como nós podemos regular nossas vidas e pensamentos de forma que possamos nos tornar alegres e assim permanecer. Devemos examinar este trabalho mais adiante neste capítulo. Mas, por enquanto, é importante ter uma melhor compreensão do que Descartes pensa que a alegria seja.

Em 1645 Descartes se correspondia com sua amiga, Princesa Elisabeth da Boêmia, sobre a natureza da felicidade. Eles estavam lendo *Sobre a vida feliz*, de Sêneca, e trocando cartas sobre isso. Descartes pensava que Sêneca (c. 2 a.C.-65 d.C.) compreendia a felicidade tão bem quanto qualquer filósofo pagão era capaz, e ele aproveitou a oportunidade para corrigir Sêneca e oferecer seus próprios pensamentos sobre a felicidade também. Sêneca observou que todos nós desejamos ser felizes, mas poucos de nós realmente entendem o que torna a vida feliz. Descartes concordou, e assinala que o que Sêneca quer dizer por "vida feliz" pode ser entendido de duas maneiras. Primeiro, isso poderia significar uma vida *afortunada* ou *de sorte*. Segundo, poderia significar uma vida *satisfeita*, ou a vida que é disposta de tal maneira que uma pessoa vivendo seu conteúdo seja de que maneira for terá sorte. Descartes pensa que a vida com satisfação é bem superior à vida com sorte, e seremos mais felizes se nós a buscarmos. Mais tarde, em *As paixões da alma*, Descartes explica por que ele acredita nisso. Primeiro, há o problema de que pessoa alguma pode contar em ter sorte; por definição, isso está além de nosso controle. Mas, mais importante, Descartes pensa ao esperar e por desejar ter sorte em nossas vidas, nos distrairemos das coisas que podemos tornar nossas vidas mais felizes e nos tornar mais satisfatórios. Imagine alguém, por exemplo, que não pensa em outra coisa a não ser nas coisas maravilhosas que comprará quando ganhar na loteria. Ele elabora planos, e toda semana compra vários bilhetes de loteria. Não faz outra coisa do que perseguir este sonho. A sorte pesa muito contra sua vitória, e enquanto está perseguindo este sonho ele está negligenciando todas as coisas imediatas que poderia fazer para tornar sua vida mais feliz. Poderia estar poupando dinheiro, por exemplo, comprar itens especiais de vez em quando, e poderia fazer festas modestas aos seus amigos. Mas ele trocou estes prazeres simples por uma distante e improvável fantasia, e como resultado sua vida é bem menos feliz. (Supondo, naturalmente, que no fim ele não ganhe a loteria! O que Descartes diria caso ela ganhasse? Como se compararia a felicidade e uma infinita sorte de uma vida com a felicidade de uma vida com satisfação? Parece que nada supera um montão de sorte. Mas, mesmo assim, deve haver alguns tipos de sorte que surgem de se levar uma vida com satisfação, prazeres que quantidade alguma de sorte pode produzir. Mais tarde poderemos ver por que Descartes pensa que estes prazeres podem até mesmo exceder todas as variedades de prazeres que a sorte pode trazer.) Se nós identificamos a felicidade com satisfação, então Descartes pensa que todas as pessoas são capazes de obter alegria. Ele reconhece que algumas vidas têm mais infortúnios do que outros – vidas com doença severa, por exemplo, ou outras doenças físicas, ou pobreza extrema. Mas apesar disso ele pensa que em cada vida existe a possibilidade de se obter contentamento pleno, uma vez que a pessoa vivendo a vida fez com que seus desejos e apetites se conformassem a suas capacidades e que poderia razoavelmente esperar da vida. Como ele escreve a Elisabeth:

> um pequeno vaso pode estar tão cheio quanto um vaso grande, embora possa conter menos líquido; e de forma similar se considerarmos o contentamento de cada pessoa como a satisfação plena de seus desejos devidamente regulados pela razão, não tenho dúvida que a mais pobre das pessoas, menos abençoada pela natureza e a sorte, pode estar inteiramente contente e satisfeita, da mesma forma que qualquer outro, embora não desfrute de tantas coisas boas (AT IV: 264-265).

Este comentário revela um importante ingrediente para a alegria cartesiana: a *razão*. A alegria, de acordo com Descartes, não é simplesmente alcançada através da satisfação de todos os desejos de alguém, mas através da satisfação de todos os desejos que a *razão* aprovou. Isso faz sentido se olharmos somente na direção da vida com satisfação, e não na direção da vida com sorte. Tentar viver uma vida com satisfação significa almejar somente aqueles prazeres que estivermos razoavelmente confidentes de alcançar. Cada vida pode ter um conjunto diferente de prazeres para se alcançar: os prazeres disponíveis à princesa, por exemplo, serão bem diferentes daqueles que estão disponíveis a um sineiro corcunda.

Mas a princesa e o sineiro podem cada um deles alcançar os prazeres que lhes estão disponíveis (organizando grandes bailes, tocando grandes sinos), desde que a razão de ambos não lhes permita esperar mais prazeres que eles possam alcançar, de forma que Descartes acredita que cada um deles possa se tornar "inteiramente contente e satisfeito". Buscar a felicidade sob a orientação da razão significa restringir seus desejos ao que você pode de fato ter a chance de obter. Qualquer pessoa pode fazer isso, diz Descartes, e assim qualquer um pode ser tão feliz como qualquer outro.

Neste ponto, o otimismo de Descartes pode parecer bem implausível e até absurdo. Poderia esta visão levar a uma conclusão ultrajante que um pedinte faminto e doente possa ser tão feliz quanto o mais rico e saudável dos imperadores? Mas assim que nós examinemos alguns aspectos adicionais de sua psicologia e de sua moral, seremos capazes de apreciar o sentimento que Descartes está propondo. Primeiro, então, teremos que ver que papel a razão desempenha na teoria da felicidade de Descartes.

Razão

Logo após oferecer a analogia do vaso em sua carta à Elisabeth, Descartes oferece três condições à satisfação que ele diz estarem relacionadas ao código moral provisório que ele ofereceu no *Discurso*. Mas estas condições são bem diferentes do código moral provisório, e as diferenças têm tudo a ver com a *razão*. As regras são as seguintes:

1) Você deve empregar sua mente de tal forma que você possa descobrir o que deve ou não deve fazer em todas as circunstâncias da vida.

2) Você deve resolver de forma firme e resoluta realizar aquilo que a razão recomenda sem se deixar distrair pelas paixões e desejos.

3) Você não deve se envolver com nada que mais tarde a razão lhe mostrará estar inacessível.

Talvez este código moral seja o abrigo mais permanente que Descartes procurou estabelecer enquanto vivia na estadia de seu código moral provisório. Lembre que o código anterior nos disse para evitar toda fricção desnecessária com o mundo exterior, adaptando nossas vidas às expectativas da sociedade tanto quanto possível, de forma que pudéssemos nos envolver com profunda meditação filosófica sem ser distraído pelo conflito. Este novo código abre a porta a um amplo leque de conflitos, uma vez que aquilo que a razão dita pode ser bem diferente daquilo que a sociedade exige. Mas há uma ampla similaridade nos dois códigos: o primeiro nos pede para nos conformar às expectativas da sociedade, e o segundo nos solicita para nos conformar às expectativas da razão. É como se tivéssemos que crescer sob a proteção de nossos anciões, mas uma vez que a razão matura podemos julgar por nós mesmos. Como é que a razão nos ajuda a fazer boas escolhas? Ela pode nos ajudar de três maneiras. A primeira, à medida que desenvolvemos nosso conhecimento da psicologia humana e da medicina, ganhamos melhor conhecimento daquilo que realmente é saudável para nós e daquilo que realmente nos prejudica. Segunda, uma vez que sabemos aquilo que é bom para nós, podemos então definir práticas e terapias para incorporar em nossas vidas, de forma que se torna menos provável a possibilidade de que possamos acolher aqueles desejos que possam nos prejudicar.

Finalmente, a razão nos ajuda a formar uma imagem mais clara daquilo que nós podemos modificar e daquilo que nós simplesmente devemos conviver. Este último préstimo é capturado na prece usualmente utilizada pelas pessoas que lutam contra vários tipos de vícios: "Senhor, dê-nos a graça para aceitar com serenidade as coisas que não podemos mudar, coragem para mudar as coisas que podem ser modificadas, e a sabedoria para distinguir umas das outras". Viver de forma razoável significa limitar nossos desejos àquilo que podemos razoavelmente esperar obter.

De acordo com Descartes, não seremos capazes de viver vidas satisfatórias a menos que utilizemos a razão. De fato, a razão é tão importante que ele tem que se retratar daquilo que ele disse anteriormente com sua analogia dos vasos, sobre todas as pessoas sendo capazes de serem felizes, independentemente da circunstância. Se uma pessoa perde a razão, então a felicidade lhe será impossível – "é menos angustiante para uma pessoa perder sua vida do que perder sua razão", opina Descartes (AT IV: 282), uma vez que somente aqueles entre nós armados com a razão serão capazes de saber a maneira de obter a satisfação.

A função da razão é descobrir o que verdadeiramente é bom, não somente as coisas que casualmente nos fazem sentir bem em certo momento. Mas o que torna algo "verdadeiramente" bom, de acordo com Descartes? A resposta tem a ver com a perfeição.

Perfeição, virtude e generosidade

Nós experimentamos muitos prazeres e sofrimentos. Inicialmente tentamos seguir a simples regra de buscar os prazeres e evitar os sofrimentos. Mas logo descobrimos que alguns prazeres são causados por coisas que de fato são ruins para nós e alguns sofrimentos são causados por coisas que são boas para nós. As coisas que realmente são boas para nós são as *perfeições*, de acordo com Descartes.

O termo exige alguma explicação. A fim de entendê-lo, primeiro precisamos distinguir as qualidades que existem em decorrência da *presença* de algo das qualidades que existem devido à *ausência* de algo. O calor, por exemplo, existe devido à presença dos rápidos movimentos entre as moléculas. O frio, por outro lado, existe somente quando aqueles movimentos estão ausentes. Onde não existir qualquer agitação, estamos no zero absoluto. A luz, como segundo exemplo, indica a presença de alguma fonte de energia, e a escuridão a falta de uma fonte de energia. Uma perfeição de acordo com Descartes será *algo* real, e não a ausência ou a falta de algo real.

Segundo, precisamos entender que, de acordo com Descartes, a realidade de todas as coisas no mundo – em outras palavras, o mundo da perfeição – se deve em última instância à presença de Deus. O próprio Deus tem todas as perfeições – todas as "coisas" que são genuinamente e em última instância reais: poder, conhecimento, sabedoria, amor, justiça e assim por diante. Quando Deus cria as coisas, Ele coloca alguma perfeição ou realidade nelas. Mas todas as criaturas de Deus são finitas, de forma que falta algo a cada uma delas. Estas várias lacunas são o que tornam o mundo criado tão imperfeito. Tudo o que está errado com o mundo se deve às lacunas nos indivíduos das perfeições divinas. A falta de Deus é a presença do mal.

Assim sendo, nós podemos explicar que perfeições são essas no caso dos seres humanos. Como criaturas de Deus, nós possuímos quantidades limitadas das perfeições de Deus. Temos algum poder, algum conhecimento, alguma sabedoria e assim por diante. Estas são as perfeições. Uma vez que somos finitos, nós também temos fraquezas, ignorância, tolices e más intenções. Estas são as imperfeições – nossas limitações –, e nós as temos simplesmente em decorrência de sermos finitos. À medida que podemos estimular o desenvolvimento de nossas perfeições, nós nos tornamos mais divinos, o que é uma coisa boa. Desenvolver nossas perfeições é crescer em *vir-*

tude, de acordo com Descartes. Nossa principal virtude é usar nossa razão e nossa liberdade a fim de fazer boas escolhas e desenvolver nossas perfeições. Fazer decisões virtuosas é a chave para todas as outras virtudes. Tornar-se virtuoso é o nosso objetivo, diz Descartes. E nossa recompensa por alcançar o objetivo é o contentamento da mente, como ele diz a Elisabeth:

> A fim de alcançar o contentamento, que é sólido, precisamos buscar a virtude – ou seja, manter uma firme e constante vontade de realizar tudo que julgamos ser o melhor, e utilizar todo o poder de nosso intelecto para bem julgar (AT IV: 277).

Isso significa que à medida que vivemos a vida nosso objetivo não deve ser somente acumular um prazer após o outro. E, sim, devemos buscar ser virtuosos, uma vez que sendo virtuoso podemos ganhar por seu intermédio a maior das alegrias, que é um sólido contentamento da mente.

Por que este contentamento vem junto com ser virtuoso? Em *As paixões da alma* Descartes explica que o sentimento da alegria é certa "excitação" na alma que ocorre quando ela julga que possui algo de bom. Naturalmente às vezes cometemos erros sobre o que é bom para nós, e às vezes sentimos alegria quando não devemos. Mas quando estamos considerando os benefícios e os malefícios trazidos pela sorte, e estamos considerando somente aquilo de bom que pode vir através de nossos esforços, nós podemos estar relativamente seguros de que estamos em possessão de algo verdadeiramente bom, e não de algo que nos pode ser tomado pela má sorte. Assim, por exemplo, nós podemos sempre nos sentir bem ao sermos delicados a alguém que merece delicadeza. Nem sempre podemos nos sentir bem sobre nossa nova bicicleta – especialmente após ela ter sido roubada.

O tipo especial de alegria que surge de nossos próprios esforços Descartes denomina de *generosidade*. O termo "generosidade" deve significar algo como "magnanimidade" ou "tendo uma excelente alma". Como Descartes escreve em *As paixões da alma*, a generosidade de uma pessoa consiste:

> parcialmente em sua compreensão de que nada existe que possa verdadeiramente pertencer a ele a não ser este livre controle de suas vontades, e não há razão por que ele deva ser elogiado ou censurado a não ser pelo fato de que ela a utiliza bem ou mal; e parcialmente em seu sentimento interior de uma firme e constante resolução de usá-la bem, ou seja, nunca deixar de ter a vontade de realizar e executar todas as coisas que julga ser a melhor – que é seguir a virtuosidade perfeitamente (AT IV: 446).

Ser generoso é saber que nós fizemos o que deveria ter sido feito – nós julgamos bem, agimos de forma adequada e fizemos as melhores coisas. Isso provoca uma alegria distinta, a alegria que surge de saber que vivemos bem graças ao exercício de nossas próprias potencialidades. Por fim, isso é assim porque Descartes pensa que a maior das alegrias está disponível a todos que governam suas vidas pela razão. Uma vez que sigamos a razão seremos capazes da generosidade cartesiana e capazes de viver virtuosamente, independentemente de quais sejam as circunstâncias. Neste sentido, a princesa e o sineiro podem ser igualmente felizes, contanto que cada um deles tenha vivido tão bem quanto as circunstâncias permitirem. Naturalmente, os outros prazeres serão desiguais – bolinhos exuberantes *versus* mingau ralo –, mas (Descartes diria provavelmente) estes tipos de prazeres não são significativos quando comparados à alegria da generosidade. E, a partir de certa perspectiva, ele estaria correto – muito embora possamos querer insistir que aqueles outros prazeres contam, pelo menos um pouco.

Podemos também ver por que Descartes pensa que a vida com satisfação pode oferecer maior alegria do que a vida com sorte. Somente a vida com satisfação pode ter generosidade nela – o sentimento de autoconfiança, o conhecimento de tomarmos boas decisões e que fizemos de tudo que estava ao nosso alcance para viver virtuosamente. Sorte não pode trazer aquele tipo de satisfação. E talvez Descartes acrescentaria que quantidade alguma de alegrias ganha pela sorte pode se igualar à alegria que vem com a generosidade.

A razão determina

Em sua correspondência, Elisabeth pergunta a Descartes o que a razão pode nos ensinar sobre a vida virtuosa. Descartes oferece duas prescrições: conheça a verdade, e atue recordando este conhecimento apelando a ele sempre que a ocasião exigir. Ele então acrescenta fazendo uma lista de verdades úteis para nós guardarmos em mente se quisermos fazer escolhas virtuosas:

1) Precisamos recordar que existe um Deus de quem todas as coisas dependem, e que devemos aceitar calmamente todas as coisas que nos acontecem enviadas por Deus.

2) Precisamos saber que temos uma alma que sobrevive ao corpo. Isso nos ajudará a não temer a morte, e nos ajudará a separar nossos interesses das coisas materiais.

3) É importante saber quão vasto o universo é. Isso nos manterá humildes, enquanto tivermos em mente que Deus pode ter preocupações maiores do que nós.

4) Devemos ter em mente que somos parte de várias totalidades maiores: a família, a sociedade, o estado e o universo. Cada parte se apoia nas demais, e assim estamos tão dependentes dos outros seres humanos como eles estão de nós. Às vezes os interesses do todo ultrapassarão os interesses de um de seus membros, de forma que podemos esperar que nem sempre as coisas ocorrerão de acordo com nosso gosto.

5) Devemos saber que nossa complexa psicologia pode com frequência nos enganar, e que muitos prazeres podem parecer maiores do que eles realmente são. “Não devemos deixar facilmente sermos enganados pela falsa aparência dos bens deste mundo.”

6) Finalmente – e esta última verdade precisa ser contrastada com o código moral provisório de Descartes – devemos examinar cuidadosamente o que a sociedade espera de nós e utilizar nossa razão para determinar em que medida nós devemos tentar atingir estas expectativas. Ao mesmo tempo, precisamos reconhecer que não podemos apresentar certas demonstrações para tudo, e às vezes pode ser melhor simplesmente seguir o costume do que cultivar uma segunda ideia sobre nossas decisões e ações.

Que tipo de vida nós devemos levar se guardarmos estas coisas na mente? Descartes pensa que nós deveríamos valorizar a saúde, a alegria e o conhecimento. Deveríamos desfrutar de belos objetos e saudar a amizade com outros seres humanos, já que eles podem nos ajudar em muitas maneiras e nos dar grande prazer. Deveríamos ser tolerantes com os infortúnios da vida, já que sabemos que as coisas nem sempre são do jeito que desejamos, e estarmos confidentes que de Deus tem um plano geral. Devemos, acima de tudo, valorizar nossa capacidade de livre escolha, em nós e nos outros, à medida que isso nos permite escolher viver virtuosamente, e deveríamos ser agradecidos a Deus por nos conceder aquela capacidade. Deveríamos fazer as escolhas mais sábias que pudermos e segui-las de perto, e não devemos nos admoestar desde que estejamos certos que fizemos a melhor decisão que podíamos em nossa circunstância particular. Não devemos temer a morte, e desfrutar do prazer na vida à medida que a razão assim permitir.

O generoso ser humano – o ideal moral de Descartes – se parece muito com o homem sábio cultivado por Sêneca. Tal homem separa o que ele pode controlar daquilo que não pode. Enquanto for capaz, ele utiliza a razão para tomar decisões sábias no que se refere a sua conduta e direção da vida. Ao mesmo tempo, ele percebe que a fortuna e a sorte podem trazer todos os tipos de surpresas a sua vida. Ele se prepara para elas da melhor forma possível, e tenta simplesmente suportar o que ele não pode evitar. Em tempos de aflição, ele se conforta no reconhecimento de que fez o melhor que pôde, e que todo o resto está nas mãos da Divina Providência.

Devemos observar, no entanto, que a ética de Descartes até aqui é quase totalmente autocentrada. O generoso ser humano pode muito bem ajudar os outros ou prestar serviço a sua comunidade, mas somente em duas condições: (1) quando a pessoa generosa está numa comunidade que espera que Ele faça isso (já que há algum incentivo para ter boas relações com a comunidade de alguém), ou (2) quando é em benefício próprio da pessoa generosa fazer isso. A pessoa generosa pode sair para recolher lixo, por exemplo, mas somente porque ela mesma prefere não ver o lixo no chão, e não necessariamente porque ela sinta que seja este seu dever, ou porque ela está preocupada com o bem-estar dos outros. A pessoa generosa pode ter um tipo de prazer intelectual em ver outros exercer a virtude, mas não por ter certa empatia por eles. Em vez disso, a pessoa generosa está alegre simplesmente em ver uma vida que é bem-vivida, da mesma forma que temos prazer em ver um jogo de tênis bem-jogado. A pessoa generosa é bem-autocentrada, muito embora com toda honestidade deva ser dito que sua preocupação por si a leva cultivar uma vida exemplar. Ela não tem razão alguma para ter interesse pelos demais só em nome deste interesse.

Pontos-chave

- De acordo com Descartes, a boa vida para os seres humanos é aquela que contém a maior alegria.
- Ficamos alegres aproveitando o que de fato é bom para nós. A razão nos permite discernir as coisas verdadeiras e descobrir as maneiras de consegui-las. A razão também recomenda que compreendamos nossas limitações, tentando não esperar muito, e enfrentando quaisquer desapontamentos com equanimidade.
- O maior bem humano é a virtude, que nós exercitamos fazendo bons julgamentos e tentando realizar o que é melhor, desde que isso seja possível.
- Ser virtuoso nos dá a maior das alegrias, que Descartes chama de "generosidade", ou tendo uma excelente alma.

As paixões da alma

A pedido de Elisabeth, Descartes escreveu um trabalho explicando como várias emoções humanas ocorrem e como podemos tentar enfrentá-las a fim de levar vidas virtuosas. Este trabalho foi *As paixões da alma*, e foi o último trabalho publicado por Descartes.

Para entender este trabalho precisamos primeiro entender o que Descartes quer dizer por "paixão". Uma paixão é qualquer coisa que ocorre a uma pessoa. Nós somos "passivos" em relação a elas. Podemos ser atingidos por coisas fora de nosso corpo, ou quando uma bolota cai em nossas cabeças e sentimos dor. Ou quando somos afetados por coisas que nos são internas, como quando refletimos sobre algo que não deveríamos ter feito e sentimos pesar. Dor e pesar são paixões – os sentimentos que nos acometem quer queiramos ou não –, e o principal objetivo de Descartes em *As paixões da alma* é nos ensinar o que é que está acontecendo ou quando nós as experimentamos, e como administramos nossas reações a elas.

O corpo humano, de acordo com Descartes, é uma máquina orgânica complexa. Em princípio poderíamos fazer um relato mecânico quase completo do que faz o coração bater, o sangue circular, os músculos se moverem, e as várias substâncias químicas que estão sendo produzidas. Com este relato poderíamos explicar todas as funções autônomas (digestão, secreção, pulsação e assim por diante) e todas as ações reflexas. Mas não poderíamos relatar sobre o comportamento humano, diria Descartes, porque alguns efeitos no corpo ocorrem não por causas mecânicas, mas pela alma.

Quando uma noz cai em minha cabeça, um sinal é enviado ao meu cérebro, e especificamente à glândula pineal no meio do meu cérebro, que se move numa certa direção. O movimento é coordenado de alguma maneira com a percepção consciente em minha alma de uma dor profunda. *Se não houver intervenção pela alma*, o movimento da glândula pineal levará quase automaticamente a eventos adicionais em meu corpo: sinais nervosos instruirão minha face para tremer, minha boca para dizer "ufa", minha mão levantar e coçar minha cabeça, e assim por diante. Mas suponha que eu esteja numa situação na qual não deseje chamar a atenção sobre mim (estou me escondendo de alguém). Naquele caso, minha alma pode deliberadamente passar por cima de algo que de outra maneira ocorreria automaticamente em consequência do acidente com a noz, e eu posso manter um silêncio sepulcral (permitindo-me talvez um pequeno estremecimento). Eu não posso desejar não sentir qualquer dor, mas posso moderar meu comportamento em sua resposta.

O mesmo tipo de relato pode ser dado a muitas experiências humanas. Na maior parte dos casos não podemos ajudar, mas simplesmente temos que ter estas experiências (embora em alguns casos não podemos evitar pequenas dores, tendo que suportá-las). Mas com frequência podemos controlar nosso comportamento em resposta a elas.

> O máximo que a vontade pode fazer enquanto esta excitação (da paixão) está forte é não se entregar a seus efeitos e evitar muitos dos movimentos que o corpo dispõe. Por exemplo, se a raiva faz a mão subir para atacar, a vontade pode evitar que isso ocorra; se o medo incita as pernas a fugir, a vontade pode pará-las (AT IV: 295).

Assim nós devemos distinguir o que ordinariamente ou naturalmente acontece como resultado da paixão daquilo que ocorre como resultado da interferência da alma. Falando com precisão, toda vez que a alma interfere nas inclinações naturais do corpo, algo de miraculoso ocorre: a glândula pineal normalmente se moveria *deste* jeito, mas em vez disso alguma entidade sobrenatural (a alma imaterial) faz a glândula não se mover daquela maneira. É por causa disso que não pode haver um relato completamente mecânico do comportamento humano. Quando a alma entra em ação, os milagres ocorrem. Salvação – ou qualquer grau de virtude – depende destes milagres. Já que a alma é o que torna estas decisões sábias estarem de acordo com a razão, e assim libertando nossos corpos de serem escravos das paixões. Estas decisões aparecem no corpo como movimentos naturalmente inexplicáveis da glândula pineal. Aqui, naturalmente, as objeções levantadas no capítulo 1 se mantêm: Como é que uma alma imaterial pode mover algo físico como a glândula pineal? Como o movimento da glândula comunica uma paixão particular à alma? Ao fim, Descartes não encontrou resposta a estas perguntas. O melhor que ele pode fazer é insistir que Deus implantou em nós uma noção especial de unidade corpo/mente que os escolásticos a utilizaram de forma equivocada em sua metafísica do hilemorfismo.

Genealogia das paixões

Em *As paixões da alma* Descartes lista cerca de 40 diferentes paixões (tais como admiração, desprezo, orgulho, humildade, esperança, desejo, desespero, e assim por diante). Após revisá-las ele faz a hipótese de que existem somente seis paixões básicas, e todo o resto como sendo variações delas. As seis paixões primitivas são admiração, amor, ódio, desejo, alegria e tristeza. Em outras palavras, as seis paixões primitivas são como o alfabeto da experiência: combinando-as em maneiras diversas nós obtemos toda a rica prosa de nossas vidas emocionais. O sofrimento, por exemplo, é um tipo de tristeza repentina que tipicamente nos indica que a vida foi avariada de alguma maneira. Raiva é um tipo de tristeza causada pela percepção de algum mal que alguém nos fez. Esperança é o reconhecimento de alguma possibilidade de que algo que nós desejamos virá em nossa direção. O riso é um tipo moderado de alegria, misturada às vezes com admiração e outras vezes com ódio, dependendo do tipo de riso que é. E assim por diante, pensa Descartes, como todas as paixões humanas. Cada um deles pode ser rastreado a alguma combinação das paixões primitivas. A maior parte de *As paixões da alma* está focada no rastreamento através desta genealogia das paixões, parcialmente só para explicar as paixões como fenômenos naturais, e parcialmente para nos educar sobre as condições que podem provavelmente causar as várias paixões em nós. Quando nós aprendemos, por exemplo, que a zombaria é causada pela alegria que surge de nossa observação de que algum mal ocorre a alguém que o merece, nós podemos então vir a reconhecer aquele sentimento em nós de tempo em tempo, e podemos subsequentemente decidir que nem sempre devemos seguir nossa inclinação de zombar de outras pessoas se nós sentirmos que não devemos expressar alegria sobre o infortúnio de outra pessoa.

Descartes também relata sobre várias paixões relacionadas aos estados fisiológicos. Quando nós sentimos uma admiração surpreendente junto com alegria, por exemplo, o coração se abre e mais sangue flui em nossas artérias e os pulmões incham; o enchimento então força alguma repentina mudança nos músculos no peito, garganta e face, e ao mesmo tempo força o ar repentinamente através da traqueia; como consequência disso tudo, nós *rimos*. Esta reação fisiológica pode ser parada somente através de ato singularmente forte do desejo, ou graças ao treinamento que fazemos ao longo do tempo para controlar estas reações. Descartes reconhece que nem todos reagem do mesmo jeito às mesmas paixões. Nem todos os cérebros se dispõem da mesma maneira, ele diz, e a experiência pode nos oferecer diferentes lições sobre o que é bom e o que é ruim, e o que é desejável e o que não é. O relato que ele oferece é verdadeiro para a maioria de nós, ele pensa, embora ele se mostre disponível em admitir que podem haver variações.

Um remédio geral para as paixões

Um resumo do conselho que Descartes dá em *As paixões da alma* pode ser encontrado no fim do trabalho:

> Quando uma pessoa sente que o sangue se agita daquela maneira, a pessoa tem um aviso, e lembra que tudo

> que se apresenta à imaginação tende a enganar a alma, fazendo com que a razão faça os objetos de sua paixão lhe parecerem mais fortes do que são, e os que se lhe opõem mais fracos. E quando a paixão favorece somente as coisas cuja execução admite algum atraso, a pessoa precisa se abster de fazer qualquer julgamento imediato sobre eles e se distrair com outros pensamentos até que o tempo e o descanso tenham acalmado completamente a excitação do sangue. Finalmente, quando ele o incita a ações requerendo à pessoa alcançar alguma resolução de uma vez, o desejo precisa estar inclinado acima de tudo a levar em consideração e seguir a razão oposta daquilo que a paixão representa, mesmo se eles pareçam ser menos fortes (AT XI: 487).

Assim, em resumo: nunca aja enquanto estiver tomado pela paixão, se você puder se controlar e esfriar e pensar novamente. E, nos casos onde você não pode esperar, esteja certo de testar seus sentimentos contra outros sentimentos que recomende uma ação diferente. Se você for tomado pelo medo e levado a fugir, tente despertar paixões como a honra e o valor de forma que elas o encorajem a se manter firme. Pese as paixões contraditórias e faça a melhor decisão que você puder nessas circunstâncias.

Podemos ver deste conselho que Descartes pensa que as paixões não são nunca exatamente dominadas somente pela razão. O melhor que podemos fazer é esperarmos até que a paixão diminua. De forma que a razão possa então determinar nossas paixões. Ou, se não podemos esperar, lutarmos fogo com fogo: ou seja, apelarmos para uma paixão oposta e igual e tentar mitigar a influência da primeira paixão, e esperar que sejamos conduzidos a um curso de ação mais racional. Assim, por exemplo, se ficarmos nervosos em falar em público, precisamos tentar superar o medo que sentimos tentando imaginar os membros de nossa audiência como nus – e o artifício imaginativo de alguma maneira nos faz sentir uma espécie de superioridade sobre eles, diminuindo o medo que de outra maneira nós sentiríamos. Esta é uma maneira de empregar uma paixão para aplacar a outra.

De acordo com Descartes, esta é simplesmente a situação na qual estamos metidos na condição de criaturas com corpos. Cada dia nós precisamos entrar em negociação com todos os vários estímulos que o mundo material e nossos corpos nos apresentam. Através de um cuidadoso emprego de nossa razão, e o cuidadoso emprego de nossas inclinações na direção das paixões, podemos nos conduzir a um destino seguro.

Pontos-chave

- Há seis paixões básicas: admiração, amor, ódio, desejo, alegria e tristeza. Todas as demais paixões estão baseadas nestas básicas.
- Não podemos escapar de sentir as paixões, mas (às vezes com grande treino) podemos controlar nossos comportamentos em resposta a elas.
- Não devemos nunca agir com pressa, mas somente após termos consultado nossa razão.

Religião

Devemos recordar que Descartes pensava que Sêneca apresentava a moralidade tão bem quanto um "pagão". Isso nos leva a perguntar que papel a religião jogava na própria filosofia de Descartes. Como é que o conhecimento religioso de Descartes o colocava numa posição melhor que Sêneca?

De fato esta questão está no coração das controvérsias intelectuais que Descartes enfrentou em sua vida. Seus críticos não podiam ver que a filosofia de Descartes baseava-se fortemente nas verdades reveladas da Cristandade. Descartes defende a existência de Deus, e faz de Deus o responsável por ter causado a nossa existência e a existência do mundo em todos os pontos cruciais, mas pode ser dito em contraposição que não há nada de particularmente *religioso* sobre o Deus de Descartes. Uma pessoa poderia ser um completo cartesiano e não sentir nunca necessidade de rezar ou de ir à igreja ou de buscar o perdão para os seus pecados. O Deus de Descartes é mais o Deus dos filósofos do que o Deus da Bíblia.

Uma defesa que Descartes oferecia com frequência era de que ele estava somente tentando estabelecer o que a razão pode nos dizer sobre Deus. Ele em parte alguma nega qualquer das crenças promovidas pela Igreja. Ele enxerga aquelas crenças como estando além da razão – elas não são necessariamente irracionais, mas a razão não tem poder de demonstrá-las, e elas precisam ser aceitas pela fé. A Cristandade pode ser "acrescentada" à filosofia cartesiana sem qualquer conflito, assim como o grande predecessor medieval de Descartes, Tomás de Aquino, sintetizou a Cristandade com a filosofia de Aristóteles. Descartes está simplesmente tentando modernizar o fim "natural" das coisas, deixando o resto da doutrina revelada intacta.

Mas ao mesmo tempo é claro que a Cristandade de Descartes lhe importava muito e à sua filosofia. Sua correspondência revela que ele considerou sua religião muito seriamente, e não em consequência de um medo prático de condenação e punição. Ele firmou posições controversas se Deus tem poder sobre as assim chamadas verdades eternas e a metafísica da Eucaristia. Em seus trabalhos publicados e em suas cartas ele raramente perdia a oportunidade de agradecer a Deus pelas perfeições que temos e creditar a Deus com muitas coisas maravilhosas que temos no mundo. É sensato concluir que a visão de Descartes da realidade reservou um lugar muito importante para Deus como o criador e sustentador da realidade, e a fonte da qual toda a divindade depende. Ao mesmo tempo, ele pode ter ficado de alguma forma cético ou até mesmo cínico de todas as manobras políticas das igrejas de seu dia, já que este era um tempo em que as autoridades católicas e protestantes possuíam considerável poder político e econômico; e onde há poder, há com frequência corrupção e abuso daquele poder. Ao sustentar sua imagem moral geral, Descartes tentou se distanciar da intriga e focar sua atenção no território mais puro da contemplação, uma que não fosse perturbada pelas ruínas da fortuna.

Além do mais, a religião joga um papel significativo na opinião moral de Descartes. Acreditando que exista um Deus, e de que o universo é feito de acordo com um plano divino, ajuda a nos acalmar para aceitar aquelas coisas que parecem ir contra nosso melhor interesse. Teríamos então razão para acreditar que todas as coisas na vida, mesmo aquelas que nos desagradam terrivelmente, são parte do plano de Deus. E acreditando que temos uma alma imortal nos ajuda a enfrentar a morte, e a nos comportar bravamente em circunstâncias perigosas. Além do mais, pode ser que o Evangelho cristão, particularmente a prescrição de amar o seu próximo como a si mesmo, oferece à ética de Descartes com uma preocupação genuína pelos outros, uma preocupação que de outra forma lhe faltaria. Esta seria uma instância onde uma verdade revelada dá a um indivíduo algo mais do que somente a razão pode oferecer. Descartes, no entanto, nada diz sobre este aspecto particular da doutrina cristã. Ao fim – fora o tom fraternal de muitas de suas cartas – não temos muitas evidências de que ele realmente em algum momento estivesse muito preocupado com os outros.

Pontos-chave

- A perspectiva moral de Descartes é amplamente estoica em seu caráter: controlar a vida de alguém sob a orientação da razão é a rota mais segura para a alegria.
- Nós obtemos alegria almejando a virtude, que é a arte de julgar com sabedoria e assim produzir o que de melhor existe. Quando fazemos isso, experimentamos uma profunda alegria que Descartes chama de "generosidade".
- A moralidade de Descartes é fundamentalmente autocentrada, uma vez que nós estamos interessados em ser virtuosos somente em nome de nossa alegria.
- A religião nos ajudar a levar uma vida moral à medida que ela nos dá esperança (para uma vida após a morte) e mantém as coisas mundanas numa perspectiva cósmica.

3

A matéria única de Espinosa

Biografia

Baruch de Espinosa nasceu numa família judia em Amsterdã em 1632. Seus pais tinham se mudado de Portugal para Amsterdam a fim de escapar à perseguição da Igreja Católica aos judeus. Em Amsterdã a família filiou-se à grande comunidade judaica que era tolerada – dentro de certos limites rígidos – pela população cristã circundante. A mãe de Espinosa morreu quando ele tinha quase seis anos de idade. Seu pai era um mercador de relativo sucesso. Espinosa cresceu falando português, holandês e hebraico, e foi um dos mais jovens acadêmicos talentosos das escolas judaicas. Seus pais esperavam que ele se tornasse um renomado rabino. Foram desapontados. Em seus vinte anos Espinosa começou a expressar sérias dúvidas sobre o tradicional conceito de Deus, a vida após a morte e a veracidade da Bíblia. Foi por fim excomungado pela comunidade judaica em 1656, o que significava que ele não poderia mais viver entre seus membros, fazer negócios com eles, ou manter com eles. Espinosa afirmou mais tarde que a expulsão não o perturbou, já que ele percebeu que esta ruptura era inevitável. Além do mais, seu pai já tinha falecido nesta época (junto com a irmã, o irmão e sua madrasta), e ele não tinha interesse em continuar com o negócio da família. Espinosa mudou-se de Amsterdã, começou a se chamar de

"Benedict" e se estabeleceu como polidor de lentes, desenvolvendo ao mesmo tempo sua visão filosófica.

Espinosa logo se viu cercado por um círculo de amigos filósofos e admiradores que buscavam seu conselho e seu incisivo intelecto. Ele publicou um manual sobre a filosofia de Descartes e fez circular entre seus amigos um par de pequenos tratados descrevendo suas visões filosóficas. Sua reputação como filósofo talentoso tornou-se conhecida mais amplamente em toda a Europa, embora as pessoas que conheciam mais detalhes sobre seu pensamento consideravam-no perturbador e até mesmo herético. Em 1670 ele publicou (de forma anônima, com um lugar falso de publicação) um tratado sobre teologia e política, que apontavam numerosas falhas e inconsistências na Bíblia. Ele também defendeu um republicanismo democrático, e ampla liberdade de uma pessoa pensar o que deseja e dizer o que pensa. Os tópicos políticos eram de grande interesse, uma vez que Espinosa era ativo na tentativa de preservar a república holandesa daqueles que desejavam restaurar a monarquia. Era amigo próximo dos Irmãos De Witt, que defendiam a causa do republicanismo, e que sofreram mortes terríveis nas mãos de uma turba enfurecida.

Este trabalho, o *Tratado teológico-político* (1670), escandalizou seus leitores. Espinosa cuidadosamente dissecou os cinco primeiros livros da Bíblia e argumentou que eles não poderiam ter sido escritos por Moisés, que foram escritos por vários homens de diferentes temperamentos, e que estes temperamentos produziram vários retratos distintos de Deus, milagres e visões. Ele argumentou que os autores eram ignorantes e supersticiosos, embora, apesar disso, fossem capazes de discernir e promover um código moral decente. Argumentou adiante que a melhor esperança para a ordem cívica está em inibir a crença irracional e promover o discurso razoável, e assim o Estado não deve ter medo de permitir aos filósofos a liberdade de buscar as verdades da razão.

Não demorou muito para que os leitores descobrissem quem era o autor deste tratado, já que não havia tantos suspeitos que possuíssem um comando tão perfeito do hebraico bíblico, com uma mente tão penetrante, e com um espírito tão rebelde. Mas logo depois disso Espinosa ficou doente com tuberculose, ao qual ele sucumbiu em 1677, com a idade de 44 anos. Os biógrafos que vieram atrás de histórias escandalosas para contar sobre "o judeu ateu de Amsterdã" ficaram surpresos em descobrir que aqueles que conheciam Espinosa sabiam que ele sempre era correto, gentil e de fala mansa. Vivia uma vida moderada e quieta, com muito bons amigos, e em boa relação com todos seus vizinhos. Ele aparentemente nunca teve interesses amorosos e era meticuloso em todos os negócios. Isto desconcertou muitos cristãos do século XVII que não podiam imaginar por que alguém levaria uma vida tão adequada sem ter medo do inferno e esperança pelo paraíso. Era esta, de certa maneira, a lição central que Espinosa desejava comunicar: a de que uma vida virtuosa tem suas próprias recompensas.

O método geométrico

Espinosa é conhecido principalmente por seu grande trabalho, a *Ética*, que estava concluído, mas não publicado no momento de sua morte. A *Ética* está escrita no mesmo estilo dos *Elementos da geometria*, de Euclides. Ele começa com definições e axiomas, e continua então para demonstrar proposição após proposição, com comentários ocasionais feitos para oferecer alguma explicação adicional. A aparência geral é a de uma fortaleza dedutiva na qual cada afirmação da filosofia de Espinosa está cimentada de forma segura sobre outras ainda mais essenciais, e que toda a estrutura está baseada em sólidos axiomas e definições.

Na realidade a estrutura não é assim tão sólida (alguns comentaristas foram ao ponto de acusar dizendo que demonstração alguma de Espinosa realmente funciona), mas há algo a ser aprendido da maneira como Espinosa apresenta sua filosofia. A *Ética* parece começar de uma lousa em branco, como se não desejássemos ter qualquer conhecimento mais profundo do que é real. Temos somente alguns conceitos básicos e a nossa própria racionalidade para ver como estes conceitos estão relacionados um com o outro e o que decorre deles. A estratégia de Espinosa é começar com o que a razão nos informa ser verdadeiro, e deduzir tudo o que for possível destas verdades, independentemente de se nossas deduções se adéquam com nossa experiência ordinária. Outra vez, assim como Euclides, não devemos presumir que sabemos seja lá o que for de antemão. Devemos deixar os axiomas e as definições orientarem o nosso caminho.

E a visão metafísica final que Espinosa oferece – ou seja, a de que a enorme complexidade do mundo é de fato a expressão de uma substância simples, atemporal e imutável – é certamente uma que apela mais a nossa razão do que às nossas opiniões ordinárias. É por esta única razão que Espinosa adota um estilo geométrico. Fica também claro que ele pensava que este estilo era uma boa pedagogia, uma vez que ele o utilizou também em seu manual sobre a filosofia cartesiana e em algumas cartas a seus amigos visando elucidar seus pensamentos. Mas naturalmente Espinosa não queria simplesmente apresentar alguns axiomas que ele pensava serem verdadeiros e então ver o que deles decorria. Ele enquadrava seus axiomas, e em cada proposição, com um olho dirigido às conclusões que ele desejava estabelecer, particularmente aquelas sobre a vida da razão, o comando das paixões, as vantagens da democracia e a natureza da vida moral.

Seu método geométrico visava mostrar as conexões em geral entre todas as coisas. Ainda que as demonstrações não fossem tão firmes como as de Euclides, elas ainda assim oferecem um grau impressionante de algumas percepções de como todos os elementos da filosofia de Espinosa devem se ajustar. E, finalmente, talvez Espinosa tenha pensado o estilo geométrico como metáfora para o que ele via no universo: uma série de resultados particulares fluindo desde uma fonte, com exatamente a mesma necessidade como se decorresse da natureza de um triângulo no qual seus ângulos sejam iguais a dois ângulos retos. Em outras palavras, você e eu e os eventos do nosso mundo decorremos de Deus com a mesma inevitável necessidade de como os fatos geométricos derivam da natureza do espaço. Tudo é necessário, e nada poderia ser diferente.

Monismo da matéria

O principal argumento de Espinosa é que existe somente uma matéria, que pode ser chamada ou de "Deus" ou de "Natureza". Todo o resto no mundo – você, eu, os planetas, os castiçais e as borboletas – é uma forma de Deus. Como veremos, isso significa que as coisas não são inteiramente distintas de Deus, mas são em vez disso maneiras finitas nas quais os atributos de Deus são expressos.

Antes de tentar entender o que isso significa, precisamos ver o argumento de Espinosa sobre o monismo da matéria. O argumento de Espinosa está baseado em três ideias-chave. Primeiro, ele define a "matéria" como aquilo que existe em si e é concebido por si. Por enquanto, não devemos tentar ter nada específico em mente como sendo a matéria, como um tijolo ou um ser humano ou Deus ou espaço. Devemos deixar de lado todas as associações prévias e permitir que Espinosa faça sua definição: uma matéria é algo em si e é concebido por si. Isso significa que a matéria – seja lá o que isso for – é totalmente autossuficiente, tanto em sua existência como em sua concepção. Uma matéria demanda nada além de si para existir ou para ser compreendido. Assim as matérias em geral, como Espinosa as entende, podem não ter relação uma com a outra. Elas geram uma à outra, e nós nunca precisamos ter uma compreensão de uma matéria antes de ganhar a compreensão das outras. Cada uma delas, neste sentido, é um mundo à parte das outras.

Segundo, Espinosa define um "atributo" como algo que o intelecto concebe como sendo essencial a uma matéria. A fim de nos ajudar a compreender isso, nós devemos lembrar que Descartes acreditava que cada matéria tem um atributo principal. Os corpos têm o atributo da extensão, e as mentes têm o atributo do pensamento. Atributos são aqueles aspectos que uma coisa não pode perder sem deixar de existir. Eles são essenciais à coisa. De forma similar Espinosa permite que suas substâncias tenham atributos ou essências. Mas Espinosa, ao contrário de Descartes, não via razão alguma que impedisse uma matéria de ter mais de um atributo ou essência. Descartes pensava que cada matéria tem exatamente um atributo; mas uma vez que estes atributos são conceitualmente distintos um do outro, então parece que contradição alguma possa ser derivada ao se supor que uma substância tenha vários atributos. Um ser estendido não tem ligação alguma com um ser pensante, por exemplo. Mas se não há ligação entre os dois, não pode haver contradição ao se afirmar que alguma matéria tenha ambos os atributos. As substâncias de Espinosa podem ter várias essências, cada uma não tendo nada a ver com as outras – e embora isso possa soar estranho, ou até mesmo bizarro, que contradição poderia possivelmente ser derivada de tal arranjo?

Então, tudo o que sabemos até aqui é que, em primeiro lugar, as substâncias são radicalmente independentes umas das outras, e segundo, cada uma tem pelo menos um atributo, e possivelmente muitos atributos. Terceiro, Espinosa também demonstra que as matérias (como ele as compreende) não podem possivelmente partilhar quaisquer atributos (como ele as compreende). Por quê? Bem, se elas fossem partilhar um atributo, então elas teriam que partilhar uma essência. Isso significaria que elas são essencialmente o mesmo; e isso significaria, pensa Espinosa, que elas não são distintas. Em suma, se A é essencialmente X, e B é essencialmente X, então A e B são essencialmente o mesmo. Mas se eles são essencialmente o mesmo, então eles não são matérias distintas, de acordo com a maneira como Espinosa compreende o termo. Podemos ver nisso uma crítica à metafísica de Descartes. Este acreditava que as mentes partilham um atributo, e os corpos partilham atributos, mas ele nunca encontrou uma maneira adequada de individualizar as coisas que partilham um atributo. Espinosa não enfrenta este problema, uma vez que ele simplesmente deixa as matérias que partilham um atributo sejam, de fato, uma e a mesma matéria. Assim, de acordo com Espinosa, as matérias não partilham atributos, ou mesmo *qualquer coisa*, umas com as outras. Se elas fossem partilhar atributos, elas seriam o mesmo. Com estas três ideias colocadas, nós podemos agora revelar o argumento de Espinosa sobre o monismo da matéria. Ele chega a esta conclusão em três etapas:

Passo 1: É da natureza da matéria existir.

Espinosa pensa que a matéria, como ele define o termo, é um todo autossuficiente. Ela não precisa de nada a não ser a si para existir. Assim uma substância não precisa de nada externo a si para vir a existir. Ela tem tudo que necessita completamente por si. Assim cada matéria, então, existe necessariamente. (Certamente algumas objeções podem ser levantadas aqui, mas vamos continuar com o argumento por enquanto e ver onde ele nos leva.)

Passo 2: Quanto mais essências (ou atributos) uma matéria tem, maior é sua realidade, ou (em outras palavras) sua propensão a existir.

Este passo é difícil de explicar, e nossa situação não é facilitada pelo fato de que Espinosa, enquanto se apoia neste passo, não oferece qualquer demonstração dele. Este passo é próximo da presunção de outros racionalistas de que os seres têm vários graus de realidade, ou perfeição (isso foi chamado de "gradações da tese da realidade" na introdução a este volume). Espinosa acredita que a perfeição das matérias – ou seus graus de realidade, vá junto com o número de seus atributos. Quanto mais atributos, maior a perfeição, e maior a realidade. (Pode ser que este passo tenha sido sugerido a Espinosa pela linguagem que ele estava utilizando: em latim, a palavra *esse* significa "essência" em sua forma substantiva e "existir" em sua forma verbal. Assim pode simplesmente parecer óbvio a Espinosa que as coisas com mais "esses" tenham mais "esse".)

Passo 3: Uma vez que as matérias não podem partilhar atributos, e os que têm mais essências têm maior realidade, pode ser que no fim exista somente uma matéria – uma definida como tendo todos os atributos possíveis, que podem chamar de "Deus" ou "Natureza".

Então Espinosa, com efeito, defende a necessária existência de todas as matérias, mas então permite que uma tenha todos os atributos, deixando as outras de fora. Uma maneira mais precisa de apresentar a ideia é dizer que a matéria com a maior de todas as perfeições existe, e outras existem somente na medida em que são compatíveis com a existência da primeira matéria. Mas desde que a matéria mais perfeita tem todos os atributos possíveis, nenhuma outra matéria é compatível com sua existência. De forma que pode existir somente uma matéria, a mais perfeita, e ela é Deus.

Espinosa define "Deus" como uma matéria com infinitos atributos, significando todos eles, mas ele nunca oferece quaisquer ideias que atributos podem existir além do pensamento e da extensão. Presumivelmente ele não vê razão por que devessem existir somente dois atributos, ou dezessete, ou um milhão, e por decorrência concluir que haveria um sem-fim deles. E é difícil imaginar um argumento que demonstre que o pensamento e a extensão são os dois únicos atributos possíveis, mesmo se forem os únicos dois que podemos considerar. E Espinosa nunca procurou uma explicação para o fato de que, embora possam haver atributos infinitos, podemos considerar somente dois.

Modos da matéria única

Espinosa deixa que suas definições e axiomas o levem à conclusão de que existe somente uma matéria, mas em certo momento ele tem que conectar aquela conclusão metafísica com o que nós experimentamos em nossas vidas humanas habituais. Se na verdade existe somente uma matéria, por que parecem existir tantas coisas separadas colidindo? Por que o mundo não flutua num único ser divino?

Todas as coisas que parecem diferentes de Deus são *modos* de uma matéria, diz Espinosa. Modos, em contraste às matérias, são entidades que dependem de outras coisas para suas existências e para serem compreendidas; elas estão "contidas" no outro e são "concebidas através" do outro. De forma que todas as coisas que experimentamos estão realmente "em" Deus, e "concebidas através" de Deus. E este fato os torna menos "coisa", e mais dependentes de Deus para sua existência.

O que isso significa? Aqui intérpretes de Espinosa discordam entre si, mas vamos apresentar uma maneira de compreender a ideia central de Espinosa, e considerar algumas interpretações alternativas mais adiante. A visão tradicional da relação entre Deus e o mundo é que elas são coisas separadas. Deus fez o mundo, e talvez faça algo para sustentar sua existência, mas Ele é adequadamente compreendido como uma "coisa" separada por sua natureza. Mas, de acordo com Espinosa, o mundo e Deus são substancialmente o mesmo: o mundo, e todas as coisas nele, *são* Deus. Cada coisa é Deus numa maneira distinta: você é Deus de certa maneira, eu sou Deus noutra, e o Monte Everest é Deus noutra maneira ainda. Mas nós todos somos Deus, moldados em diferentes maneiras. Quando dizemos as coisas, é Deus que as faz – embora Deus as faça na medida em que Deus seja você, ou eu, ou o Monte Everest. A distinção entre o criador e a criação desaparece, ou ao menos torna-se tão estreita que não podemos distinguir Deus das criaturas como coisas individuais.

Como é que Deus, sendo uma única matéria, acaba aparecendo em tantas coisas diferentes? Para responder esta questão nós precisamos introduzir alguns detalhes adicionais da metafísica de Espinosa. As maneiras, de acordo com Espinosa, surgem em dois tamanhos: infinito e finito. Os modos infinitos de uma matéria derivam da natureza absoluta dos atributos de Deus. Isso significa dizer, as essências de Deus imediatamente dão origem a certos aspectos do mundo. Espinosa oferece *o movimento e o descanso* como um exemplo de um modo infinito que se origina imediatamente do atributo divino da extensão. Assim, dada a extensão de Deus, dela deriva automaticamente o movimento e o descanso. Da natureza absoluta do atributo de Deus do pensamento – outro atributo – dele deriva o *intelecto infinito*. Do ponto de vista do sistema de Espinosa, estes modos infinitos podem ser pensados como aspectos ou qualidades que são "construídos de acordo" com os atributos correspondentes: uma vez que a extensão existe, decorre dela que precisa haver movimento e descanso, e quando há o pensamento, decorre dele que precisa haver o intelecto infinito. A partir do nosso ponto de vista, nós precisamos conceber estes modos infinitos como forças na natureza. No mundo extensivo há forças universais de movimento e descanso; e no mundo do pensamento há uma força universal da lógica, ou razão. A seguir: dos modos infinitos decorre outros modos infinitos, tais como (aquilo que Espinosa denomina) "a face de todo o universo" – ou todo o universo, concebido como uma entidade única. Ou seja, dada a extensão, e as forças do movimento e descanso, e dado o pensamento, e a força da razão – dados todos estes atributos e modos infinitos –, disso resulta nosso universo como um infinito individual. E deste gigante individual – finalmente! – resulta todas as partes menores, finitas, do individual: os corpos particulares e as mentes. Pode-se ver o universo de Espinosa como uma simples e grande cachoeira, dotada de grande força, rugido e umidade, e que descarrega suas águas numa grande piscina contendo redemoinhos e correntes menores. O rugido e a umidade e os redemoinhos e assim por diante são a própria cachoeira – aspectos dela ou partes dela.

Um relato pleno desta grande cachoeira e de todas as coisas fluindo da abundância da natureza de Deus nunca é dada, e a maior parte do que Espinosa escreve neste tópico é muito obscuro. A imagem geral que fica, em alguma medida, é que "Da necessidade da natureza divina precisa decorrer infinitamente muitas coisas em infinitas maneiras (i. e., qualquer coisa que possa cair sob a égide de um intelecto infinito") (E 1p16). Todas as coisas existentes se acumulam automaticamente da natureza divina, sem que qualquer ato de desejo seja demandado por parte de Deus.

Agora precisa ser dito que diferentes intérpretes têm compreendido o termo "modo" de Espinosa em diferentes maneiras. Seus primeiros leitores entenderam que ele queria dizer que as coisas finitas em nosso universo se relacionam a Deus da mesma maneira que as propriedades (tal como branco, duro e redondo) são consideradas como relacionadas às coisas (tal como uma caixa de cera), uma vez que "modo" era usualmente considerado como se referindo a um tipo de propriedade. Mas é difícil ver como coisas como moinhos de vento e tamancos sejam algo similar a propriedades. (Que propriedades seriam essas?) Outros leitores pensaram que por "modo" Espinosa queria significar não uma propriedade, mas meramente uma coisa que não é autossuficiente na maneira que as matérias são. E se assim é, então as maneiras são simplesmente coisas que decorrem de uma matéria.

Mas então o que exatamente marca a independência destas coisas de uma matéria? (Em outras palavras, do que além de Deus elas supostamente são constituídas?) Mas ambos os relatos concordarão que (como ressaltamos) o mais importante ter em mente é que as coisas deste mundo *não são diferentes em substância* umas das outras ou de Deus. Cada coisa *é* Deus, modificado numa maneira ou noutra. Dito de outro jeito, cada coisa é uma "maneira" (o sentido literal do termo latino *modus*) na qual Deus está manifestado. Se os modos devem ser concebidos como propriedade de Deus ou como coisas que são em alguma medida distinguíveis de Deus pode ser colocado de lado como um tópico para futuro debate.

Assim, tanto as coisas infinitas como finitas em nosso universo decorrem de uma matéria, de acordo com Espinosa. A existência destas coisas e seus comportamentos são determinados por uma matéria. Assim Espinosa acredita que todas as coisas são necessitadas por Deus – "Mostrei mais claramente do que a luz do meio-dia de que nada existe nas coisas para aquilo que elas possam ser chamadas de contingente" (E 1p33s1). Espinosa é portanto um determinista duro: não há sentido pensar que as coisas possam ser diferentes do que elas realmente são. Como é que um filósofo pode acreditar nisso, enquanto ao mesmo tempo recomenda a seus leitores uma forma de vida em lugar de outra, é um quebra-cabeça para o qual nos voltaremos no capítulo 4.

Pontos-chave

- De acordo com Espinosa, há somente uma matéria na existência, seja ela chamada de "Deus" ou "Natureza". Esta substância é completamente autossuficiente e tem todos os atributos possíveis ou essências.
- A matéria única tem os dois atributos conhecidos pelos seres humanos: pensamento e extensão.
- A matéria única tem infinitamente muitos "modos", ou "maneiras" nas quais os atributos da matéria única são expressados.
- Cada coisa no universo é um modo de Deus.

O Deus de Espinosa

Disso tudo fica claro que o Deus de Espinosa não é o mesmo tipo de criatura divina cultuada pelos deístas. Podemos ver por que ele pensou que a "Natureza" poderia ser uma palavra melhor para o que ele tinha em mente. O Deus de Espinosa não cria coisas; em vez disso, as coisas fluem ou emanam de uma matéria. Rezar ao Deus de Espinosa seria inútil, já que este Deus não pode agir de maneira alguma; seria como que rezar à gravidade, ou ao eletromagnetismo. E como argumenta Espinosa, nenhum dos elementos que nós associamos com pessoas, tais como desejos e esperanças e medos, tem qualquer lugar em relação a Deus. O Deus de Espinosa ou Natureza é uma força grande, cósmica e impessoal, que produz consequências com a mesma falta de paixão como um algoritmo mecânico, e esta força não está desapontada nem acarinhada por nada que é produzido. Tudo é igualmente natural, no que diz respeito à Natureza – uma pilha de pedras, uma pilha de corpos, é só o que interessa. Somente os seres humanos (e alguns outros animais) preferem alguns desenlaces em vez de outros.

A aparência de Espinosa pode parecer então extremamente fria. Certamente ele assim pareceu a muitos de seus primeiros leitores. Ele entende que a maioria de nós não quer outra coisa do que alguma reafirmação de que somos valiosos; de que nossas vidas importam; de que existe um plano para nós que se preocupa por nós. Mas ele pensa que não devemos esperar encontrar estas coisas fora das preocupações que temos por nós mesmos e um pelo outro. Somos grandes o suficiente, diria Espinosa, para viver por nós, e para nos afastar da ideia de algum Grande Pai que está olhando por nós. Precisamos desmascarar a religião pelo que ela é, e acreditar na ciência e na razão para que nos diga com o que o mundo realmente se parece, e como devemos viver a fim de florescer como seres naturais.

Ainda assim, embora Espinosa desejasse eliminar a noção de um pai carinhoso e afetuoso, ele tinha papéis definitivos para seu Deus ou Natureza desempenhar. Sua matéria única destinava-se a trazer uma *unidade* verdadeira ao universo, tanto à sua estrutura como ao nosso conhecimento dele. Descartes tinha dividido o mundo numa esfera do pensamento e numa esfera da extensão, e nunca foi capaz de reunir os dois numa única estrutura. O aspecto fundamental da metafísica de Espinosa, em contraste, é que *toda a realidade é uma só*, embora aquela única coisa pudesse se expressar como extensão ou pensamento ou outra coisa qualquer. Somente a verdade de algum tipo de monismo permite a possibilidade de um corpo de conhecimento verdadeiro unificado. Se o mundo fosse dualístico, então o melhor que poderíamos obter seria a conjunção de duas teorias, uma não sendo redutível a outra. E qualquer conhecimento pleno de todo o mundo seria saudado como uma realização. Há uma clara satisfação em ter uma teoria que une tudo junto em vez de duas ou mais. Mais tarde, quando os idealistas alemães começaram a construir os vastos sistemas filosóficos que eram ao mesmo tempo amplos e profundos, eles encontraram em Espinosa uma grande fonte de inspiração.

Paralelismo

O Deus de Espinosa consiste de atributos "infinitos" – pensamento, extensão e qualquer outra coisa. (Espinosa escreve como se a lista pudesse continuar sem ter um fim, mas admite que ele pode conceber somente estes dois.) Mas há somente uma matéria. Assim Espinosa conclui que os modos desta substância única são como Deus tendo todos os atributos possíveis – cada modo é pensamento, e extensão e todo o resto. Ou seja, cada modo pode ser plenamente compreendido como uma coisa pensante, ou uma coisa estendida, e assim por diante. A maneira de Espinosa explicar isso é que "A ordem e a conexão das ideias é o mesmo que a ordem e a conexão das coisas" (E 2p7). Desta maneira, a unidade que Espinosa vê na natureza se estende em cada coisa individual.

No caso dos seres humanos, este paralelismo visa explicar a aparente dualidade da mente e do corpo. Como Descartes sabia, a mente e o corpo parecem ser totalmente distintos um do outro. Mas uma vez que, de acordo com Espinosa, uma única coisa pode ter múltiplos atributos, não há razão para se supor que a mente e o corpo não sejam a mesma coisa, concebidos sob diferentes atributos: o ser humano considerado sob o atributo do pensamento é a mente, e o mesmo ser humano considerado sob o atributo da extensão é o corpo. Espinosa poderia ter usado geometria analítica como uma analogia para explicar este aspecto da teoria dualista. Uma fórmula algébrica e uma curva geométrica podem expressar a mesma relação matemática; a relação pode ser considerada sob o "atributo" da álgebra ou sob o "atributo" da geometria. De forma similar, a mesma entidade na metafísica de Espinosa pode ser entendida como um corpo ou uma mente (ou uma ideia).

De fato – embora possa parecer surpreendente à primeira vista –, a maioria de nós enxerga a si desta maneira. Nós sabemos que nossos cérebros têm muito a ver com a nossa consciência, e nós facilmente deixamos de falar sobre nossos cérebros para falar sobre nossas mentes, mas nós podemos também reconhecer uma profunda diferença entre os dois. Nós podemos saber o que está se passando em nossos cérebros simplesmente refletindo, e não podemos saber o que está acontecendo em nossos cérebros sem uma cirurgia ou algum equipamento radiológico. Nós sabemos de um "desde dentro", e sabemos do outro "olhando desde fora". É como se o cérebro e a mente fossem acessíveis através de duas dimensões diferentes, uma mental e uma física, embora nós acreditássemos que eles fossem ao mesmo tempo uma e a mesma coisa. Esta é a visão de Espinosa.

Agora Espinosa amplia esta visão não só aos humanos, mas a todo e qualquer modo finito. Assim todas as coisas têm ambos (ou melhor, *é* ambos) um corpo e uma mente, mas isso não significa que cada coisa no universo esteja consciente na maneira como o humano é consciente. A mente de uma coisa é somente tão complexa como seu corpo é: assim como um corpo é capaz de interações complexas com seu ambiente, a mente também pode ter relações complexas com seu ambiente. Uma pedra é capaz de muito pouca interação, assim sua "mente" é bem simples. Mas os corpos humanos são capazes de perceber muitas coisas e de causar muitas coisas, assim suas mentes são bem complexas. Este *pampsiquismo* ("as almas estão em todos os lugares") de Espinosa é uma importante parte de sua tese de que os humanos não são especialmente únicos na natureza. Cada coisa tem algum grau de mentalidade, e embora os humanos tenham muito disso, isso não os torna diferentes de outras criaturas. De fato, em algum lugar no universo há provavelmente corpos muito mais complexos do que corpos humanos, com mentes que são maiores que as nossas. O universo em sua totalidade, como veremos, é um corpo deste tipo – o corpo de Deus – com uma mente correspondente que poderia muito bem ser chamada de mente de Deus.

Espinosa identifica a mente de cada coisa com a *ideia* de seu corpo. Isso torna fácil aceitar a tese de que tudo tem uma mente, uma vez que para cada corpo é fácil aceitar a tese de que tudo tem uma mente, uma vez que para cada corpo nós podemos formar a ideia daquele corpo. Mas não é claro de que as ideias que nós formamos são o que nós pensaríamos como sendo mentes. Quando eu formo uma ideia de um moinho, penso na função, operação e nos componentes fundamentais de um moinho. Esta representação, se precisa, captura o que o moinho é e o que faz. Mas em que sentido é uma mente? Ao formar a ideia de um moinho em minha mente, eu por seu intermédio introduzo a mente do moinho na minha? Como é que a ideia de uma coisa possui algum grau de consciência? Podemos avançar na resposta a estas perguntas pensando sobre as mentes na filosofia de Espinosa como "ideias" vivas, cada uma delas lutando para continuar existindo da mesma forma que os corpos fazem. Então pense num campo de ideias. Cada ideia contém dentro de si certo grau de clareza e nitidez; as ideias estão relacionadas umas com as outras em termos de consequência lógica, causa e efeito; algumas ideias são mais poderosas do que outras e podem superá-las. Um complexo de tais ideias, com relações apropriadas entre elas, constitui uma mente, assim como um sistema de órgãos compõe um corpo maior. Talvez, com tal visão, a diferença entre o que tipicamente reconhecemos como uma mente e o que nós tipicamente pensamos como uma mera ideia é somente uma diferença de grau – uma diferença na complexidade entre as partes de cada coisa.

Espinosa não elaborou nenhum destes detalhes, e é difícil acreditar que seu propósito em afirmar que as mentes são ideias de corpos era oferecer um relato convincente da consciência. Ele não estava tentando resolver o problema. Provavelmente ele fez a identificação porque viu que esta era uma maneira elegante de formar uma correspondência um a um entre todos os corpos e todas as mentes.

Uma analogia e uma questão

Na parte 2 da *Ética*, Espinosa oferece uma analogia geométrica para seu monismo da matéria combinado com seu paralelismo, e esta é uma analogia que vale a pena estudar. A analogia diz respeito ao resultado no qual Euclides prova com base nas linhas que se intersectam dentro de um círculo.

Comece com um círculo, e trace duas linhas que se intersectam em algum lugar dentro daquele círculo. Agora quebre cada uma daquelas linhas em partes marcadas pela intersecção, e as utilize para reconstruir dois retângulos, um desde as partes de uma linha, e o outro desde as partes da outra linha. Euclides prova que os dois retângulos assim formados terão a mesma área. Isso é surpreendente, mas verdadeiro. A relação é a mesma para uma infinidade de muitas linhas que se intersectam dentro de um dado círculo.

Espinosa pensa que isso é análogo com sua filosofia. Assim como o círculo "contém" (ou oferece a possibilidade de) infinitamente muitas linhas interagindo, Deus ou a Natureza contém infinitamente muitos modos. E assim como, para cada par de linhas interagindo, há dois retângulos diferentes "expressando" a mesma área, Espinosa afirma que para cada modo há aquele modo expresso como uma coisa estendida e aquele modo expressa como algo pensante. Além do mais, esta analogia ilustra a afirmação que Espinosa frequentemente faz, de que todas as coisas estão contidas em Deus exatamente da mesma maneira que, por exemplo, um triângulo "contém" o fato de que seus ângulos são iguais a dois ângulos retos. As coisas decorrem de Deus como uma necessidade geométrica, e cada coisa é tão necessária e inevitável como um fato matemático.

Mas esta analogia também leva a uma profunda e difícil questão sobre o monismo de Espinosa. Vimos que Espinosa pensa que todos os modos estão, de alguma maneira, "contidos" em Deus, e que eles são necessários a Deus. A questão é se Espinosa acredita que possa haver possibilidades que "não foram efetivadas" – ou seja, coisas que são concebidas sem contradição, mas nunca como uma questão de fato que passou a existir num universo (tal como unicórnios, talvez, ou duendes, ou um naco de mil pedaços de chumbo). Por um lado, parece que Espinosa deveria ter dito que não existem possibilidades não efetivadas; pois como qualquer uma delas seria genuinamente possível se elas não fluíssem automaticamente da natureza de Deus de Espinosa? Em que sentido poderia esta *possibilidade* surgir? Em apoio adicional a isso, Espinosa afirma que Deus faz surgir tudo que está no intelecto infinito de Deus, e assim parece que tudo que parece possível acaba se realizando. Mas, por outro lado, no exato lugar em que ele oferece a analogia do círculo e linhas, Espinosa escreve sobre "as coisas singulares que não existem", que estão contidas na natureza de Deus na mesma maneira que as coisas singulares que existem. E noutros lugares Espinosa escreve sobre os objetos puros e perfeitos sobre os quais podemos refletir, mesmo que aconteça que nenhum deles venha a existir realmente.

Parecem existir três maneiras de entender o que Espinosa acredita ser as possibilidades não efetivadas. Primeiro, talvez Espinosa queira dizer que elas são concebíveis sem contradição, uma vez que elas simplesmente nunca têm a "chance" de existir, uma vez que elas são afastadas por todas as outras coisas que passam a existir. Uma vez que as outras coisas são necessitadas por Deus, podemos dizer verdadeiramente que estas coisas concebíveis não são verdadeiramente possíveis, embora elas sejam concebíveis em contradição. Ou, segundo, Espinosa poderia dizer que estas coisas alegadamente concebidas não são realmente concebidas, uma vez que temos uma compreensão adequada do que o intelecto de Deus inclui. Podemos pensar de um unicórnio ou de um duende ou de que seja possível uma figura de mil lados, mas talvez não seja assim realmente, no momento em que compreendermos mais sobre a natureza de Deus. Ou, finalmente, Espinosa poderia acreditar que todas as coisas concebíveis venham a existir em algum momento, em algum lugar do universo, e as passagens que parecem dizer outra coisa são ou erradas ou necessitam ser interpretadas em alguma outra maneira.

Uma complicação adicional sobre necessidade

Há uma complicação adicional a ser salientada igualmente. Anteriormente, ao descrever as maneiras de uma matéria, foi dito que a existência e o comportamento de algo é determinado por uma matéria. Mas de fato Espinosa demonstra que um modo finito individual, como uma lâmpada, não surge simplesmente da pura natureza de Deus. Em vez disso, surge pela natureza, junto com as forças causais de outros modos finitos – o metal, o óleo, os esforços do produtor de lâmpada, o desenho, e assim por diante. Todas as coisas consideradas juntas (Deus junto com os modos finitos de Deus) tornam a existência da lâmpada e seu comportamento necessário. Portanto está errado dizer que todas as coisas são uma necessidade da natureza de Deus; é mais preciso dizer que todas as coisas são uma necessidade da natureza de Deus, junto com outras já existentes maneiras finitas. Deus, mais as coisas existentes no mundo, necessitam o que passa a existir.

Esta imagem deveria ser o suficientemente familiar, da mesma forma como qualquer determinista acredita que os eventos são determinados pelas leis da natureza, junto com suas causas antecedentes. (As leis da combustão, junto com a presença da descarga elétrica e o dinamite, determinaram a explosão.) Espinosa está dizendo algo similar quando ele afirma que a natureza de uma matéria, junto com modos já existentes, determina a existência dos modos subsequentes. Mas esta imagem familiar levanta uma questão adicional: De onde surgiram os primeiros modos finitos? Se, para produzir um, você precisa de um já existente, então como toda a sequência dos modos finitos começou?

A resposta de Espinosa é *ad infinitum*. Em outras palavras, não houve modo finito inicial no tempo; a idade do mundo é infinita. Ainda assim nós perguntaremos: Por que existem afinal de contas modos finitos? Existe uma explicação para a existência de modos finitos em geral?

Espinosa não responde a esta questão diretamente, mas aqui estão duas respostas rápidas que ele poderia ter feito. Primeiro, ele poderia ter assinalado que a existência de cada e de todo modo finito foi explicado, e isso é o suficiente. Para dar conta da existência de cada e de todo modo finito, ele considerou a existência de todos os modos finitos. Ocorre que ele não tem uma explicação *única* para a totalidade dos modos finitos. Ele tem, em vez disso, uma explicação diferente para cada um deles. Isso talvez não seja uma explicação unificada que se poderia esperar de um racionalista, mas talvez não exista tal explicação unificada. A segunda resposta possível de Espinosa é dizer que a totalidade dos modos finitos, a coleção total de todos os indivíduos finitos no universo, é em si mesmo um modo infinito de Deus – a "face de todo o universo", como ele apontou numa carta a um amigo. Como um modo infinito, deriva da natureza dos atributos absolutos de Deus. Então, se nós queremos uma explicação para a existência dos modos finitos em geral, devemos descobrir que sua totalidade é de fato demandada pela natureza de Deus. Se nós queremos uma explicação para a existência dos modos finitos individuais, no entanto, devemos apelar tanto à natureza de Deus como aos já existentes modos finitos. Até aqui, tudo bem. Mas o problema com esta segunda consideração é que é difícil ver por que temos que apelar aos modos já existentes enquanto tentamos dar conta da existência de um modo individual, se a totalidade dos modos finitos é já necessitada pela natureza de Deus. Cada modo finito já não foi necessitado pela natureza de Deus? Se assim é, por que então não dizer que cada e todo modo finito é necessitado pela natureza de Deus? Assim Espinosa explicitamente nega que este seja o caso.

Pontos-chave

- Todas as coisas derivam de Deus ou Natureza de uma maneira ou de outra. Modos infinitos derivam da natureza de Deus. Modos finitos derivam daquela natureza, junto com outros modos finitos já existentes. Ao fim, todas as coisas devem sua existência a uma matéria.
- Deus, como uma substância, é tanto pensamento como extensão. Cada modo individual é tanto pensamento como extensão.
- O ser humano, como algo estendido, é um corpo, e aquele mesmo ser, como algo pensante, é a mente. Corpo e mente são a mesma coisa, concebidas em duas maneiras diferentes.
- O que foi dito sobre o ser humano nesta questão pode ser dito também de qualquer modo finito. Esta visão, de que todos os seres têm uma mente pelo menos em algum grau, é chamada de "pampsiquismo".

A extensão de Deus

Espinosa é radical em sua afirmativa de que a extensão é um atributo de Deus – ou seja, que Deus é algo estendido. A maior parte dos pensadores nega que Deus seja estendido por uma série de razões. Primeiro, coisas estendidas podem ser manipuladas, mas Deus é um todo ativo e nunca passivo; e segundo, coisas estendidas podem ser divididas e destruídas, mas Deus não pode. Mas Espinosa inverte o argumento: *uma vez* que nós sabemos que Deus é estendido, nós podemos portanto concluir que nem todas as coisas estendidas são puramente passivas, e nem todas as coisas estendidas são divisíveis.

A chave para a negativa de Espinosa para a divisibilidade de Deus é a maneira como ele pensa sobre a matéria e a extensão. Como Descartes, ele pensa a extensão como um atributo ou uma propriedade, de forma que ele não pensa que possa haver qualquer extensão sem *algo* tendo a propriedade de ser estendido. Assim o desfecho é que não pode haver vácuo – nenhum espaço vazio. O que nos parece ser espaços vazios estão de fato cheios com matérias muito finas ou leves. Agora, se nós pensarmos sobre a extensão de Deus como um universo inteiro de matéria, a afirmação de que Deus é indivisível, de acordo com Espinosa, resulta na afirmativa de que não há maneira de separar ou quebrar a matéria sem ainda ter a matéria entre as partes. Em outras palavras, se você quiser dividir a matéria em dois pedaços, terá que inserir alguma coisa imaterial estendida entre as duas peças. Mas não há coisas imateriais estendidas. Então você não pode dividir a matéria. Assim Deus, como uma matéria estendida, não pode ser dividido.

Mas modos de uma matéria podem ser divididos. Ou seja, você pode dividir uma pedra em dois pedaços inserindo algo que não é uma pedra entre elas (como ar, água, uma lâmina de metal, e assim por diante). Assim *a pedra enquanto for pedra* é divisível, mas a *pedra enquanto for matéria* (ou estendida) não é divisível.

Isso nos leva à questão sobre o relato de Espinosa sobre os corpos: o que exatamente torna um pedaço de matéria de pedra, e outro pedaço de matéria algo distinto da pedra? Isso está conectado com o problema dos corpos que se individualizam, que nós vemos em relação à física de Descartes. A solução ao problema, de acordo com Espinosa, precisa ser dada somente em termos de movimento, que é um infinito modo de extensão. Assim a pedra é distinguida da água com base nos movimentos de suas partes. Precisamos conceber uma pedra como um certo tipo de "redemoinho" estável de matéria – um redemoinho que resulta numa propriedade da pedra de ser dura e pesada. E uma piscina de água é um diferente tipo de redemoinho de matéria, do tipo que dá origem às propriedades da água de ser fluida e potável. Espinosa chama estes redemoinhos de "padrões de movimento e descanso" entre as partes constituintes dos corpos. Cada corpo é um certo padrão de movimento e descanso, e cada corpo luta para manter aquele padrão ao longo do tempo. Estes esforços dos corpos de se sustentarem são as essências daqueles corpos, de acordo com Espinosa; em última instância, aqueles diferentes esforços tornam os corpos distintos um do outro. Assim a ampla imagem que Espinosa cria para o universo físico é de um infinito mar de matéria, com infinitamente muitos padrões de redemoinhos estáveis, que são os corpos individuais no universo. Mas estes corpos são também acomodados numa espécie de hierarquia vertical, desde a mais simples até à mais complexa. Espinosa escreve dos corpos mais simples, que não têm complexidade interna, que se movem como totalidade de uma localidade à outra. Estes organismos mais simples redemoinham juntos em padrões estáveis para formar corpos complexos. Estes corpos complexos formam ainda corpos mais complexos. E estes formam corpos ainda mais complexos, e assim por diante, até que alcancemos o universo como um todo, que é um grande corpo, "cujas partes, isto é, todos os corpos, variam em maneiras infinitas, sem qualquer mudança no todo individual" (E 2L7s). O universo de corpos é ele mesmo um corpo, e luta para manter seu padrão estável de movimento e descanso.

Na luta para se sustentar, o universo como um todo precisa determinar os movimentos de suas partes. Ou seja, para cada aceleração numa parte do universo precisa haver uma desaceleração correspondente noutro lugar, de forma que o padrão geral seja mantido estável. O universo, num sentido, mantém seu próprio metabolismo. E as forças com as quais o universo mantém seu próprio metabolismo são as forças da natureza, descritas pelas leis da natureza. Numa carta a um correspondente, Espinosa compara nossa situação no universo com a de um verme vivendo no sangue de alguém. O pequeno verme vê todos os tipos de movimentos dentro do corpo, mas não se dá conta de que todos os movimentos resultam da luta do corpo para manter sua saúde e temperatura. De forma similar, vemos os movimentos no universo, mas não reconhecemos que todos estes movimentos são as maneiras pelas quais o universo mantém a si como um indivíduo.

Determinação da vontade

Assim como todos os movimentos dos corpos são determinados por outros organismos e pelas amplas forças do universo, Espinosa pensa que as ideias são determinadas por outras ideias e pelas leis do pensamento. Sua doutrina do paralelismo o compromete a esta visão, uma vez que a ordem e a conexão das ideias é a mesma que a ordem e a conexão dos corpos. Quando um sistema de corpos está num certo estado num certo tempo, as leis da natureza determinarão o próximo estado para o sistema; e elas determinarão o próximo, e assim por diante. De forma similar, quando o sistema de ideias (a mente) está num certo estado, as leis do pensamento determinarão o próximo estado mental. Espinosa nunca explica exatamente o que estas leis deveriam ser, a não ser ao dizer (como poderíamos esperar agora) que as leis do pensamento serão as mesmas que as leis da extensão, expressas sob um diferente atributo.

Assim a sequência de nossos pensamentos é determinada como uma sequência de colisões entre os corpos: um pensamento determina o próximo, que determina o próximo, e assim por diante. Não temos a liberdade de dirigir nossos pensamentos de forma que precisamos pensar primeiro em algo, e então noutra coisa. Naturalmente nos *parece* que assim fazemos, mas Espinosa diria que isso é meramente porque não estamos conscientes de todas as forças que determinam nossos pensamentos. Tente imaginar um elefante rosa. Agora reflita: o elefante estava lhe encarando, ou volvendo-se à direita, ou à esquerda? Você preferiu imaginá-lo daquele jeito, ou aquele jeito de imaginá-lo simplesmente apareceu em sua mente, determinado por forças fora de sua consciência? Como Espinosa escreve, muitas pessoas dizem que as ações humanas e os pensamentos dependem da vontade, mas

> estas são somente palavras sobre as quais elas não têm ideia. A maioria é ignorante do que a vontade seja, e como ela move o corpo; aqueles que se gabam de algo mais, que fingem assentos e os lugares da morada da alma, usualmente provocam ou o ridículo ou asco (E 2p35s).

Sobre isso, assim como sobre outras coisas, Espinosa claramente discorda de Descartes. Nossos pensamentos, ele pensa, são determinados como corpos em movimento. Isso agora parece colocar um problema para o conselho que Espinosa deseja dar, tanto nas questões morais como sobre o tema de se tentar ter uma clara imagem da realidade. Que utilidade tem este conselho se a sequência de nosso pensamento está rigidamente determinada? Em resposta, Espinosa poderia dizer que, quando ele parece estar dando conselho, ele está somente observando o que acontece de tempo em tempo – por exemplo, "quando as pessoas fazem isso e aquilo, elas acabam ficando mais satisfeitas", e "quando a ilusão é substituída pelo conhecimento, as pessoas são melhor equipadas para responder ao mundo". Ela não precisa supor que qualquer um seja capaz de agir sobre estas observações para que estas observações sejam verdadeiras. Espinosa poderia também observar que, ao escrever *Ética*, ele está complicando as cadeias das causas que nos levam a fazer o que fazemos e a pensar o que pensamos. E assim acabamos nos comportando moralmente e ganhando ideias adequadas *precisamente porque* as palavras de Espinosa exercem influências causais em nós!

Espinosa argumenta ainda que não existe componente separado de mente cuja tarefa seja afirmar ou negar as ideias que nós cultivamos. Em outras palavras, não existe desejo. Devemos recordar que Descartes acreditava que o intelecto é distinto do desejo; e é porque o intelecto pode conceber tanto, e o desejo pode afirmar ou negar qualquer coisa, que nós cometemos erros em nossos julgamentos. Em contraste, Espinosa crê que, sempre que cultivar uma ideia, a ideia amadurece com alguns graus de afirmação; ao conceber a ideia, somos levados a afirmar a existência do objeto, em algum grau. Por exemplo, ao conceber um cavalo alado, nós concebemos o que parece ser para nós uma coisa possível. (Isso certamente parece ser mais possível do que uma pedra contemplativa, sem falar num quadrado redondo.) À medida que nossa concepção torna-se crescentemente detalhada – um cavalo alado na antiga Pérsia, pertencendo a Xerxes, e assim por diante – nós ratificamos mais e mais nossa concepção. No limite, se nós concebemos algo com adequação perfeita, nós afirmamos a existência de algo real. Neste exemplo de um cavalo alado, presumivelmente nós encontraremos algum obstáculo para concebê-lo adequadamente – algum conflito talvez com outras coisas que nós sabemos que são verdadeiras – se de fato é verdade que Pégasos nunca existiu.

Duas observações adicionais precisam ser feitas sobre esta afirmativa. Primeiro, Espinosa afirma de forma explícita que existe algum grau de verdade ou realidade em toda ideia. Há elementos de verdade em nossa ideia de Papai Noel, por exemplo – existem a rena, e coisas que voam, e existe o Polo Norte, e nós encontramos alegria e amigos generosos. Mas nem todo aspecto de nossa ideia de Papai Noel está plenamente elaborado (como acabamos descobrindo mais tarde na vida). A única ideia sem qualquer fundamento de realidade é a ideia de algo fracamente contraditório como um sobrinho cujos pais não têm irmãos. De forma que podemos dizer que a "realidade" de uma ideia acompanha a inteligibilidade de seu conteúdo: quanto mais concebível for algo, mais real ele é. A segunda observação é que decorre, no relato de Espinosa, que não pode haver uma ideia perfeitamente adequada de algo inexistente ou irreal – ser adequadamente concebido é ser real. Se algo pode ser compreendido, então ele é real: "Nada que seja razoável pode nos levar a crer que Deus não desejasse criar todas coisas que estão em seu intelecto, com a mesma perfeição com a qual ele as compreende" (E 1p33s2). Fazendo referência à nossa discussão anterior da analogia do círculo e linhas, esta consequência dá sustentação à crença de que, quando Espinosa diz que nada poderia ser diferente, ele quer dizer que toda coisa concebível torna-se em algum momento real.

Conhecimento

Espinosa pensa que existem três maneiras nas quais nós adquirimos crenças ou conhecimento: através da experiência causal, através da razão e através da intuição. O primeiro tipo de conhecimento, através da experiência causal, dá conta da maior parte das crenças que temos do mundo. Nós lemos coisas, ou vemos coisas, ou ouvimos coisas, e como resultado nós construímos um modelo interno do mundo exterior – o mundo que está de acordo com nossa experiência causal (ou não estruturada). É importante recordar que, de acordo com Espinosa, a construção mental de um modelo de nosso mundo acontece paralelamente a certo conjunto de transformações físicas em nosso corpo ou cérebro. Nós podemos ver um evento, e a luz entrando em nossos olhos causa modificações em nossos nervos e cérebros de forma que alguma informação é registrada. O registro físico, concebido sob o atributo do pensamento, é nossa memória do evento. Mas esta memória, argumenta Espinosa, é tanto um estado fisiológico do nosso corpo como é sobre o evento: é uma "imagem" do evento, mas ao mesmo tempo uma imagem do corpo registrando aquele evento. Todas as experiências sensórias são mediadas por nossos estados corporais desta maneira. Por esta razão, as ideias que obtemos através da experiência causal são usualmente representações inadequadas das coisas – elas são literalmente "con-fusões" nas quais nossos estados corporais são fundidos com alguma suposta representação das coisas fora de nosso corpo. O primeiro tipo de conhecimento, então, é mais precisamente chamado de uma maneira através da qual nós formamos *crenças* – crenças que podem ou não corresponder com o que está realmente ocorrendo no mundo.

O segundo tipo de conhecimento é através de demonstrações racionais. Assim como existem aspectos que todos os organismos têm em comum – como tamanho, forma e movimento –, Espinosa pensa que existem aspectos que todas as mentes têm em comum, que são as ideias de que todos os corpos têm em comum. Espinosa chama estas ideias comuns de *noções comuns*, e elas visam incluir todas as ideias que nós demandamos, a fim de construir um relato completo do que é real. Porque temos ideias de tamanho, forma e movimento (e outros), somos capazes de construir um modelo adequado do mundo, que pode substituir a ideia inadequada que elaboramos através da experiência causal. As noções comuns são inatas à mente – elas são inatas a *todas* as mentes. E quando elaboramos uma explicação ou um relato de algo através de nossas noções comuns, há uma importante sensação segundo a qual nosso conhecimento foi criado de forma *autônoma*, ou graças aos nossos próprios recursos – em oposição ao primeiro tipo de conhecimento, onde nosso pensamento está determinado pela interação causal como organismos externos ao nosso.

O primeiro e o segundo tipo de conhecimentos podem ser contrastados com um exemplo. Nós vemos dois carros colidirem. Se tivermos observado corretamente, e se também observarmos os relatos de testemunhas, podemos elaborar um relato do acidente. Isso seria o conhecimento do primeiro tipo. Mas suponha que não estejamos satisfeitos com ele, e desejarmos conhecer os tipos de carros e suas velocidades, e assim por diante. Nós fazemos nossas medições, pegamos nossas pranchetas e nossos livros de física e começamos a desenvolver um relato do acidente que é tanto mais abstrato quanto mais preciso. Nós o fazemos com base nas forças básicas e qualidades que afetam todos os corpos, e esquecemos os aspectos irrelevantes tais como as cores dos carros ou o odor da borracha queimando. Esta seria a segunda forma de conhecimento, que está baseada em conceitos-chave da física e da matemática em vez de meramente das sensações que recebemos casualmente. E se o segundo relato conflita com o que nós pensamos que vimos, e estivermos certos que fizemos nossos cálculos e medições corretamente, nós desconsideraremos o que vimos em favor do que a razão nos diz. Pois os sentidos podem enganar, a física não.

O terceiro tipo de conhecimento é mais difícil de entender. Espinosa o denomina de *conhecimento intuitivo*, e o descreve como conhecimento "que se origina de uma ideia adequada da essência formal de certos atributos de Deus até o conhecimento adequado da essência das coisas" (E 2p40s2). É um tipo de percepção interior. O exemplo de Espinosa para este tipo de conhecimento é ver "num relance" que 1 está para 2 assim como 3 está para 6. Não precisamos ver se isso concorda com as regras que ensinamos sobre as proporções dos cálculos, e não precisamos demonstrar sua verdade – precisamos *ver* que estes pares de números têm as mesmas proporções. Este exemplo é bem banal, mas no fim da *Ética* Espinosa afirma que este tipo de conhecimento nos permite ver conexões internas com a natureza de Deus, e que este conhecimento traz às nossas mentes a maior de todas as alegrias, que ele identifica como "o amor intelectual de Deus". Talvez Espinosa queira dizer que, em virtude de todas as coisas estarem unificadas em Deus, uma parte pode ter conhecimento imediato de outras partes, numa espécie de união mística que nossa mente pode ter com os objetos de seu conhecimento. (Isso explicaria o aparente entusiasmo de Espinosa com este tipo de conhecimento; ele o denomina da maior das bênçãos.) Ou talvez Espinosa esteja afirmando simplesmente que nossas mentes são capazes de perceber algumas verdades elementares diretamente. (E então seu entusiasmo aparente seja talvez uma tentativa de dizer o tipo de coisas que as pessoas religiosas dizem, mas que querem significar algo mais terreno – uma espécie de "discurso ambíguo.") Espinosa não diz o suficiente sobre o terceiro tipo de conhecimento para que possamos estar seguros do que ele quer dizer.

Vale a pena assinalar que este terceiro tipo de conhecimento parece desempenhar um papel distinto na filosofia de Espinosa do que a luz natural desempenha na de Descartes. Descartes utilizou a luz natural para assegurar princípios básicos epistemológicos e metafísicos tais como o *cogito* e o princípio da adequação causal. Mas Espinosa utiliza noções comuns ao propósito de assegurar os princípios fundamentais. O terceiro tipo de conhecimento é algo além disso. Ele nos oferece certeza imediata das verdades que são demonstráveis através do segundo tipo de conhecimento, mas num tipo de percepção intelectual direta que leva a mente a sua suprema alegria.

Pontos-chave

- Corpos finitos sustentam um padrão estável de movimento ou atividade ao longo do tempo, e assim o faz todo o universo. O modelo de Espinosa do universo é orgânico: nós somos coisas vivas, dentro de algo vivo maior, como um pequeno animal num hospedeiro maior da corrente sanguínea.
- A mente está diretamente determinada, como o são nossos desejos, decisões e ações.
- Conhecemos o mundo através da experiência sensorial casual (que é sempre em algum grau confuso), ou através de demonstrações racionais baseadas em noções comuns, ou através de um tipo especial de percepção intelectual direta.

Pontos-chave

• Há uma substância na existência, de acordo com Espinosa. Ele denomina esta substância "Deus", mas não se refere às noções tradicionais de Deus. É uma força impessoal que é responsável causal na geração de nosso universo.

• Todas as coisas são necessitadas por esta única material. O pensamento humano e o comportamento são rigidamente determinados; nada pode ser distinto disso.

• Podemos obter conhecimento de uma substância, e das coisas no universo, através do emprego da razão.

• Podemos intuir os aspectos necessários do universo através de um tipo especial de conhecimento, que leva a mente a sua máxima alegria.

4

A ética, a política e a religião de Espinosa

Linhas, planos e corpos

No prefácio da parte 3 de *Ética*, Espinosa escreve que ele pretendia considerar as ações humanas e apetites "como se fossem uma questão de linhas, planos e organismos". Ele pretende oferecer uma geometria das emoções, ou seja, um relato científico ou mesmo mecânico de por que os seres humanos fazem o que fazem e sentem o que eles sentem. O que ele escreveu visava ser basicamente uma explicação daquilo que realmente acontece, embora ao mesmo tempo Espinosa trata de dar algum conselho sobre o que os seres humanos deveriam fazer se desejam ter as melhores chances de experimentar mais satisfação do que miséria em suas vidas. Deve-se assinalar logo de início que Espinosa não é muito otimista sobre as chances de sucesso. Os seres humanos são relativamente modos finitos frágeis de uma matéria; há muitas forças naturais – desde terremotos e avalanches a viroses e surtos – que podem nos dominar, nos abalar e nos destruir. É certo que eventualmente nós seremos exauridos pelo mundo, morreremos e desintegraremos. Ao longo do caminho descobriremos que "somos impulsionados em muitas maneiras por causas externas. E que, como ondas no mar, levados por ventos contrários, somos jogados para cá e para lá, não sabendo nosso fim e destino" (E 3p59s). Ainda assim, como veremos, Espinosa pensa que existe uma maneira de viver que deveríamos perseguir, mesmo não existindo qualquer dúvida sobre nossa vulnerabilidade e nosso eventual fracasso. Seu conselho é viver de forma tão autônoma quanto possível – ou seja, ser autogovernado e autodeterminado como a natureza das coisas permitam. Na medida em que formos bem-sucedidos, deveremos experimentar um poder maior sobre nossas vidas, e uma alegria maior.

Fisiologia e psicologia

Qualquer corpo, de acordo com Espinosa, é um modo da extensão de Deus, querendo dizer com isso que é uma maneira particular na qual a extensão de Deus se expressa. No caso dos corpos humanos, a extensão é expressa numa maneira complexa. O corpo está composto de numerosos órgãos, todos sensitivamente ligados um ao outro, de forma que, como um todo, eles criam uma única vida orgânica.

Se esta harmonização for severamente perturbada – por um disparo, ou uma doença, ou pela pilhagem da turba –, então o organismo morre. Prejuízos menores implicarão um funcionamento distinto, e o organismo tentará reparar aqueles prejuízos e restaurar seu bem-estar. Os organismos lutam por bem-estar, e por mais poder, a fim de poderem fazer frente aos ataques tanto quanto possível. Algo que luta por sua preservação é chamado de *conatus* (a luta pela existência) que Espinosa identifica como a verdadeira essência de algo.

Nós sabemos da doutrina do paralelismo de Espinosa que qualquer coisa que é dita sobre o organismo precisa ser dita numa maneira análoga da ideia ou da mente daquele corpo. De forma que a mente também é uma entidade complexa, de acordo com Espinosa, composta de ideias na mesma maneira que um corpo é composto de órgãos. De fato, uma vez que a mente humana é a ideia do corpo, haverá ideias na mente para tudo que ocorre no corpo, desde os processos de digestão aos impactos sobre os sentidos dos órgãos. E assim como o corpo é sensível às maneiras nas quais o ambiente o afetará, também a mente é sensível às ideias que surgem de fontes que lhe são externas. Estas ideias são chamadas de *afetos*, ou paixões, e de acordo com Espinosa elas são sempre inadequadas. Toda vez que uma ideia surge desde o exterior – digamos de um quadro de avisos espalhafatoso ou de algum palestrante discursando sobre isso e aquilo –, a ideia será uma confusão entre duas coisas: o que está ocorrendo fora de nós, e o que está ocorrendo dentro de nós enquanto recebemos estas impressões e as processamos. Como vimos em conexão com o relato de Espinosa, estímulos do mundo exterior sempre nos darão ideias inadequadas.

As únicas ideias inadequadas que temos são as que construímos de ideias que são inatas à mente – as noções comuns. Nossas mentes lutam para elaborar ideias adequadas das noções comuns, e obter conhecimento do nosso mundo, na mesma maneira que nossos corpos tentam manter sua saúde. Se o *conatus* do organismo visa se preservar e se fortalecer, o *conatus* da mente visa se preservar e crescer em conhecimento. O corpo quer se autogovernar, por assim dizer, e se isolar das ameaças ambientais, e a mente também deseja determinar seu próprio pensamento de suas ideias.

E a grande batalha psicológica de nossa vida, de acordo com Espinosa, é a batalha por *autonomia*, ou "autogoverno". Na medida em que nossas ações e pensamentos se devem às lutas de nosso corpo e mente, devemos nos preservar e nos fortalecer. Autodeterminação, de acordo com Espinosa, é liberdade – embora não seja, naturalmente, a liberdade no sentido de ser capaz de fazer algo distinto do que nós fazemos. Lembre que a natureza de uma matéria necessita todas as coisas; nada pode ser distinto. Em vez disso, é a liberdade no sentido de ser *livre* das influências externas ou coerção.

É a liberdade de fazer exatamente o que você deseja fazer – ou, sendo mais preciso, fazer exatamente de acordo com que a sua verdadeira essência deseja que faças.

As más notícias é que perderemos esta batalha. Assim como nossos corpos acabarão suplicando tabaco ou álcool ou batatas fritas, nossas mentes acabarão suplicando estímulos externos e ideias que realmente não ajudam a elaborar nossa autonomia mental. Vidas humanas, no geral, estão poluídas por forças externas, e assim a maior parte da humanidade busca ansiosamente sua própria morte. Não fazemos isso de forma consciente, naturalmente. Tentamos fazer o que é de nosso melhor interesse, mas temos ideias interessantes do que seja o nosso melhor interesse, especialmente porque muitas das ideias que temos são inadequadas. Nós experimentamos aqueles petiscos, e temos algum prazer nisso, e é verdade que alguns dos ingredientes dos petiscos têm alguns aspectos saudáveis. Então comemos mais e mais deles, desfrutando de mais e mais prazer, sem reconhecer as consequências de longo prazo dos outros menos saudáveis aspectos dos petiscos.

Ou de forma similar, sucumbimos às ideias supersticiosas, uma vez que parece haver alguma base racional para elas, e não percebemos as maneiras nas quais elas falham em oferecer uma adequada compreensão das coisas. O diagnóstico de Espinosa para nossa difícil situação deve ser familiar: o mundo nem sempre é o que aparenta ser, e, uma vez que não conhecemos nada melhor, acabamos ingerindo alimentos e noções que no longo prazo mais nos prejudicarão que beneficiarão.

O homem livre

Como nossas vidas poderiam ser diferentes se fôssemos perfeitamente livres? – se nossas vidas fossem inteiramente governadas por nossos recursos internos? Espinosa discute tal vida na parte 4 da *Ética*, e constrói o ideal de "homem livre" para servir como um "exemplar" para nós – um tipo de herói filosófico que devemos tentar imitar, pelo menos à medida do possível.

"O homem livre", escreve Espinosa, "pensa em nada menos que a morte, e sua sabedoria é uma meditação sobre a vida, não sobre a morte" (E 4p67). Esta é a primeira consideração de Espinosa sobre o homem livre, e é uma importante observação. Nossa verdadeira essência é a luta pela vida e por poder, e uma luta por um conhecimento adequado. Neste sentido é plenamente positivo – totalmente agressivo, em outras palavras, na causa de nosso próprio interesse. O predecessor inglês de Espinosa, Thomas Hobbes (1588-1679), colocou na essência de cada ser humano "uma luta por poder pelo poder que cessa somente na morte", e Espinosa faz o mesmo. O homem livre está obcecado com a vida, poder e conhecimento, e nunca cai numa espécie de moroso desespero. O homem livre está sedento por mais vida, tanto física como mental, e ansioso em consumir tanto quanto possível.

Além do mais, o homem livre não tem um conceito para o bem e o mal – somente "o que é bom para mim" e "o que impede meu crescimento". Naturalmente nada no universo de Espinosa é inerentemente bom ou mal; o universo é perfeitamente livre de valoração e neutro. Nós somos os que consideram as coisas tanto bem como mal, de forma que elas nos ajudam e nos embaraçam. O homem livre de Espinosa faz tudo que pode para escapar ou evitar qualquer ataque a sua autodeterminação e desenvolvimento, e ele evita contato com pessoas ignorantes, uma vez que elas podem tornar as coisas levianas capazes de impedir seu próprio florescimento. Naquele sentido ele as considera um "mal". Ele não odeia estas pessoas ignorantes; ele simplesmente as considera em algo menor, de certa maneira, capazes de lhe trazer mais problema que benefício. Ele está agradecido aos outros homens livres, uma vez que ele pode confiar neles para trabalhar cooperativamente com ele de forma que eles podem desfrutar os benefícios de seus esforços combinados. (Então eles são "bons".)

O homem livre, em resumo, distancia-se da turba, e busca sua própria vantagem, confiando somente nas pessoas livres e ajudando-as a buscar seu próprio poder e autodeterminação. À medida que pudermos fazer isso, pensa Espinosa, seremos *virtuosos*.

Então é assim que seríamos se fôssemos completamente livres, de acordo com Espinosa. O exemplar parece desconhecido para nós, ou indesejável: É assim como realmente desejamos ser, no fundo? Podemos sentir que este modelo de comportamento seja um esnobe egoísta e amoral. Mas Espinosa pode responder que nos sentimos desta maneira porque não aprendemos as lições da parte 1 da *Ética*. O universo (ou "Deus") não se importa, ele poderia nos fazer recordar; a natureza produz continuamente resultados sem levar em consideração o que queremos ou precisamos. Toda a natureza não é outra coisa do que modos finitos de tentar preservar a si, e os seres humanos não são exceção. *Veja as coisas como elas são*, ele estaria nos aconselhando, *e não como você desejaria que elas fossem; retire suas viseiras, seus mitos primitivos, e todas aquelas coisas infantis que você aprendeu no jardim de infância. Elas não têm utilidade alguma para um homem verdadeiramente livre.* É por esta razão que Friedrich Nietzsche, o filósofo alemão do século XIX, ficou tão excitado quando leu pela primeira vez Espinosa. Ele encontrou em Espinosa a mesma fria e dura indiferença que mais tarde ele utilizaria em seu conceito de super-homem. Nietzsche argumentou que nós precisamos considerar o velho Deus como morto, e deixar de lado os conceitos de bom e mal, e "nos tornar o que somos" – ou seja, egoístas e esnobes amorais. Espinosa chegou a estas mesmas amedrontadoras conclusões ainda no século XVII.

Sobre a servidão humana

Devemos lembrar que Espinosa não está nos dizendo que devemos tentar adotar as qualidades do homem livre, como se fôssemos agora algo distinto. Nós *somos* o homem livre, no fundo, sob todas as outras qualidades. O homem livre é somente a plena expressão da nossa verdadeira essência. Então o que exatamente nos impede de obter esta plena expressão? O que nos está segurando? Numa palavra, o que nos está segurando é nossa *sujeição* a ideias inadequadas ou paixões. Espinosa oferece um relato detalhado das paixões humanas, como elas são causadas, e como elas controlam nossas vidas. Devemos revisar este relato de forma que possamos ter uma ideia melhor da tarefa que está a nossa frente, de acordo com Espinosa.

Espinosa constrói este relato das paixões humanas com base em três experiências básicas: *alegria*, que sentimos quando ganhamos poder; *lamento*, que sentimos quando perdemos poder; e *desejo*, que é nosso esforço inerente à nossa preservação e ao ganho de poder. Todas as paixões estão baseadas nestas três, e Espinosa devota a parte 3 da *Ética* para descrever exatamente como. O amor, por exemplo, é a experiência da alegria, junto com a ideia de algo como a causa daquela alegria, e ódio é a experiência da tristeza, junto com a ideia de algo como a causa daquela tristeza. Nós experimentamos esperança quando temos a ideia de que um evento que nos trará alegria, mas não estamos certos de que o evento ocorrerá, e medo é o que sentimos quando o evento que imaginamos nos trará tristeza. Confiança, desespero, orgulho, remorso, luxúria e piedade são todos definidos de maneiras similares, com base nas emoções previamente elaboradas. Espinosa cumpre a promessa de oferecer uma geometria das paixões, construindo mais do que quarenta delas com base em elementos básicos, como se armados com um compasso e uma régua. (O relato de Espinosa das paixões é similar à oferecida por Descartes em *As paixões da alma*, embora existam diferenças interessantes de detalhe.)

Se de alguma maneira pudéssemos garantir que, quando sentimos amor ou ódio ele fosse dirigido a um objeto que nos desse verdadeira alegria ou pesar, não sentiríamos dependência às paixões.

Nós amaríamos ou odiaríamos somente as coisas que realmente amamos ou odiamos. Mas o principal problema é que ficamos confusos sobre o que nos dá alegria ou tristeza. Assim, por exemplo, uma pessoa amável se aproxima e nos faz sentir bem sobre o que estamos fazendo, sentimos alegria, e pensamos que aquela pessoa é a fonte de nossa alegria. Assim nos apaixonamos loucamente por aquela pessoa, e ficamos enciumados de qualquer um que receba sua atenção. Sentimos saudade dela quando ela está ausente, e mesmo desespero quando ela não retorna nossos telefonemas. Se tivéssemos nos dado conta logo de início de que esta pessoa não era a causa de nossa alegria, e sim que as ideias que ela causa em nós é que produziam nossa autoestima, e que isso era a fonte de nossa grande alegria! Então amaríamos o que havia sido dito, e não quem disse, e teríamos evitado grande angústia. Nós somos finitos e limitados, e o mundo constantemente nos confunde sobre o que causa o quê. Deriva disso nossa dependência.

Espinosa segue assim Platão ao acreditar que todo (ou muito) de nosso sofrimento surge das falhas do conhecer. Se pudéssemos evitar agir com base em ideias inadequadas, então nossas emoções seriam tão bem-organizadas como nossos intelectos. Mas somos partes da natureza que não podem ajudar, mas sim formar ideias inadequadas e agir com base nelas. O homem livre é um espelho de tipos, algo finito que nunca é superado por coisas mais poderosas. Ainda assim nós podemos tentar nos conter o máximo possível, e tentar alinhar nossas emoções com nossos intelectos – esta é a receita geral de Espinosa para nossos problemas.

Paixões, em si mesmas, não são nem boas nem más, naturalmente. Elas surgem necessariamente, considerando como somos e que experiência temos. Ainda assim, pode ser visto que muitas delas impedem nossos esforços por autopreservação e poder, e algumas delas de fato nos ajudam em nossos esforços; algumas paixões são úteis, e algumas não. Espinosa define o "bom" como "o que sabemos com certeza ser útil para nós", e "mal" como "o que sabemos com certeza que nos impede de sermos donos de algum bem". Assim a distinção entre o bem e o mal, para Espinosa, culmina numa distinção entre o que é bom *para nós* e o que ruim *para nós*. Com esta compreensão destes termos, Espinosa pode estabelecer certa moralidade. A moralidade é egoísta, significando que está baseada em última instância em autointeresse. Assim, Espinosa pensa que o egoísmo racional nos levará a um estilo de vida que é ético numa maneira familiar – um estilo de vida no qual estamos verdadeiramente preocupados com os outros.

Pontos-chave

- Os seres humanos lutam com frequência contra as forças do meio ambiente. Na medida em que os seres humanos são autogovernados, ou capazes de usar instrumentos para alcançar seus fins, eles são (em certo sentido) *livres*.
- Um ser humano perfeitamente livre buscaria ativamente seu poder e conhecimento, sem preocupar-se com os demais, a não ser que os outros tragam algum benefício ao ser humano livre.
- A liberdade perfeita é impossível para nós devido às várias maneiras nas quais estamos submetidos às paixões e às forças que estão além do nosso controle. Ainda assim podemos buscar mais liberdade, mesmo se a liberdade absoluta é impossível. À medida que formos bem-sucedidos, seremos virtuosos (no sentido de Espinosa).

A ética de Espinosa

Como Espinosa pode tornar o autointeresse racional em certo tipo de preocupação genuína pelo bem-estar de outros seres humanos? A chave é o reconhecimento que os indivíduos podem ganhar grandes benefícios formando uma comunidade com seus companheiros. E uma comunidade funcionará somente se seus membros mostrarem real consciência das necessidades, direitos e privilégios do outro. Então nós concedemos. Se formos deixados a nossa própria sorte poderemos ignorar nossos vizinhos, ou desmerecê-los, ou até mesmo prejudicá-los. Nada na filosofia de Espinosa torna estas atitudes especialmente erradas – somente contraprodutivas. Se desejarmos verdadeiramente promover nossas chances por sobrevivências e florescer, deveremos controlar aquelas inclinações e em vez disso encontrar um caminho para viver harmoniosamente com nossos vizinhos, de forma que podemos obter todos os benefícios da sociedade – tal como a proteção policial, a divisão do trabalho, o sistema de esgoto e assim por diante. Nós concordamos em obedecer às leis (e assim voluntariamente limitar nossos poderes naturais de ação) para assim pertencer à comunidade que serão mais úteis para nós no longo prazo. De forma que *vale a pena* nos preocupar com os demais.

Ao nos unir com os demais nos tornamos parte de um ser mais forte. Como escreve Espinosa:

> Ao homem, eu digo, não há nada mais útil que o homem. O homem, eu digo, pode desejar outra coisa que não seja mais útil à preservação de seu ser do que a concordância de todos de que suas mentes e seus corpos formem como que uma mente e um corpo; que todos se esforcem juntos, na medida do possível, para preservar aquele ser; e que todos juntos deveriam procurar por si mesmos a melhor vantagem para todos (E 4p18s).

A última afirmação desta passagem é que os humanos deveriam considerar como seu próprio objetivo a vantagem da comunidade à qual eles pertencem. Em outras palavras, nós deveríamos considerar o interesse da sociedade como nosso próprio interesse. Deveríamos desejar que nossa sociedade florescesse e ganhasse força em nosso próprio interesse; devemos buscar sua própria saúde da mesma maneira que procuramos a nossa. Ao decidir o que fazer em nossa comunidade, devemos nos perguntar: "Estou contribuindo à saúde geral deste organismo maior?" Pois, se eu não estiver, estou prejudicando aquilo que desejo que irá melhorar minha própria vida.

Naturalmente, nós todos conhecemos casos nos quais nós podemos cometer pequenos crimes contra outros ou contra a sociedade que irá nos ajudar individualmente sem causar danos significativos a nossa comunidade. Considere o lixo, por exemplo; é muito mais fácil atirar o papel no chão do que encontrar uma lata de lixo, e é duro ser persuadido de que estamos prejudicando a sociedade por esta ação. Ou considere mentir um pouco sobre os impostos: isso claramente nos beneficia individualmente, e isso não levará a sociedade a sucumbir em nosso entorno. Tipicamente, quando pensamos sobre estes exemplos, nós somos tentados a perguntar algo parecido com "E se todos fizessem isso?" Espinosa dá este tipo de resposta ao longo da argumentação de que um homem verdadeiramente livre nunca agirá de forma enganosa. Ele argumenta de que a melhor vida é aquela que está baseada no autointeresse racional; e enquanto fizermos julgamentos racionais, estamos fazendo julgamentos que recomendaríamos a todos os seres humanos que fizessem, contanto que eles sejam racionais; e uma vez que não desejamos que todos os seres humanos joguem lixo ou mintam sobre seus impostos (ou ajam enganosamente), não podemos racionalmente desejar o mesmo para nós.

Mas este tipo de argumento (que é muito parecido ao tipo de argumento que Kant apresenta em sua teoria moral) não se adéqua muito bem com o egoísmo autointeressado que Espinosa apresenta na base de sua própria teoria. Lembre que Espinosa pensa que nós somos essencialmente egoístas, esnobes amorais que fazemos seja lá o que for para sobreviver e nos fortalecer. Se tivermos que avaliar nossos pequenos esquemas com a questão "Posso esperar que os seres humanos façam o mesmo?", então nossos planos de ação serão severamente limitados; de fato, todo o "egoísmo" da teoria parece se evaporar. Será que Espinosa está somente tentando introduzir de forma sorrateira certa moralidade tradicional pela porta dos fundos?

A orientação da razão

Isso levanta um pergunta séria sobre a natureza da teoria moral de Espinosa. Num primeiro momento parece que a teoria de Espinosa está baseada num familiar e direto egoísmo racional: nós nos comportamos moralmente (no sentido tradicional do termo) porque, de uma forma geral, vale a pena. "Racionalidade" aqui significa ação estratégica e autointeressada. Mas então, quando nós consideramos situações nas quais ser "moral" não vale a pena, Espinosa sugere que ainda assim existe algum vestígio de racionalidade em nós que nos impede de mentir. Neste segundo tipo de situação, então, "racionalidade" se refere a algo mais abstrato, como se existisse um núcleo de razão pura em cada ser humano que dita que deveríamos seguir as mesmas leis universais. O primeiro tipo de racionalidade é autointeressada, enquanto a segunda é desinteressada. Qual é a que Espinosa pensa melhor caracteriza a natureza humana?

Pode ser que Espinosa pense que é a primeira, e então (para alguns de nós, pelo menos) também a outra. Lembre que Espinosa pensa que nós somos com frequência ignorantes sobre muitas coisas – o que é a natureza, o que realmente é bom para nós, o que trará felicidade. Nós também somos com frequência ignorantes sobre nós mesmos e o que nós verdadeiramente desejamos. Talvez os primeiros momentos de nossas vidas inclua desejos básicos, como alimento, passatempo, segurança e carinho. Então nós passamos a desejos mais adultos – por *status*, luxúria, dinheiro, amizade e amor. Muitos de nós, quando perguntados sobre o que realmente desejam, podem listar muitas ou todas estas coisas; nós pensamos que estes são nossos desejos mais profundos. E Espinosa pensa que, tipicamente, nós agimos de uma maneira racionalmente autointeressada para obtê-los. De fato, este tipo de autointeresse racional, combinado com estes desejos, é suficiente para nos motivar a integrar uma comunidade e agir de uma maneira "moral" pelo menos a maior parte do tempo. É suficiente para nós fazer, no geral, membros bem responsáveis de nossa comunidade.

Mas poucos de nós obtemos um conhecimento mais profundo de si. Nos apercebemos que nossos desejos por *status*, luxúria e assim por diante não são realmente nossos desejos mais profundos; nós descobrimos que eles não nos trarão qualquer alegria duradoura. Procuramos então nossos desejos mais profundos e tentamos satisfazê-los. Assim é que Espinosa descreve precisamente sua própria situação no início de seu *Tratado sobre a emenda do intelecto*:

> A experiência me ensinou que todas as coisas que regularmente ocorrem na vida comum são vazias e fúteis, e eu vi que todas as coisas que eram a causa ou o objeto de meu medo não tinham nada de bom ou mal em si mesmas, exceto à medida que minha mente fosse tocada por elas, eu resolvi pelo menos tentar descobrir se havia algo que pudesse ser verdadeiramente bom, capaz de se comunicar, e que por si só afetaria a mente, sendo todos os demais rejeitados – se havia algo que, uma vez descoberto e adquirido, dar-me-ia continuadamente a maior das alegrias, até à eternidade (TEI: § 1).

Em seu *Tratado*, Espinosa tenta descobrir o que irá satisfazer o mais profundo esforço deo sua mente. O que ele descobre é que sua mente, acima de tudo, busca o prazer que vem da compreensão das coisas mais profundas. Ele começa ver a si como motivado pelo desejo da compreensão, mais do que pelos desejos da fama, das riquezas e dos prazeres comuns.

Fica claro que Espinosa não está falando simplesmente de si. Ele pensa que todos nós somos motivados por este profundo desejo – muito embora certamente nem todos nós saibamos disso. A maior parte de nós não se dá conta que as coisas que estamos buscando não nos oferece uma paz permanente; nós simplesmente buscamos mais e mais rápido, na esperança que estaremos em algum momento satisfeitos. Neste caso nós somos como uma pessoa sedenta engolindo água do mar, o que nos torna ainda mais sedentos.

De forma que a pessoa sensata, pensa Espinosa, tentará viver uma vida sob o que ele chama de a "orientação da razão". Neste caso, a razão não é somente pensar estrategicamente sobre como obter o que desejamos; ela *nos diz* o que desejamos:

> Uma vez que a razão exige que nada seja contrário à natureza, ela demanda que todos a amem, procurem sua própria vantagem, o que realmente lhes é útil, desejem o que realmente levará o homem a uma maior perfeição, e, absolutamente, que todos se esforcem para preservar seu próprio ser tanto quanto possível. Isso é, de fato, tão necessariamente verdadeiro quanto o todo é maior que suas partes (E 4p18s).

Espinosa vai em frente para demonstrar que a razão exigirá que aperfeiçoemos nossas qualidades – em particular, nosso conhecimento e compreensão. E deveremos descobrir que nosso maior objetivo será entender a coisa máxima na existência, ou seja, Deus. Na medida em que vivamos sob a orientação da razão, devemos colocar de lado nosso intento de buscar alegrias rasas e esforçar por maior perfeição, que é o conhecimento de Deus. E se soubermos que tivermos feito isso tão bem quanto possível, Espinosa pensa que desfrutaremos de um estado de "autoestima", que ele diz ser a maior coisa que podemos esperar.

Assim sendo, tal ser sensato pode ter maior razão do que o resto de nós por se comportar numa maneira reconhecidamente "moral". Espinosa argumenta que a pessoa sensata reconhecerá que à medida que os seres humanos vivam sob a orientação da razão, haverá mais concordância entre eles e menos conflito e controvérsia, pela mesma razão ele dirá a todos eles para fazer a mesma coisa. Assim, continua seu raciocínio, as pessoas sensatas deveriam desejar viver a vida que eles endossam para todas as pessoas sensatas; eles desejarão respeitar as regras que eles desejam que todos sigam, contanto que elas sejam racionais. Eles desejarão isso porque eles sabem que, no fundo, nós todos nos esforçamos para nos tornarmos o ser humano perfeitamente racional – em outras palavras, nosso velho amigo, o homem livre. O homem livre, de acordo com Espinosa, "não odeia a ninguém, não está bravo com ninguém, não inveja ninguém, não está indignado com ninguém, não despreza ninguém, e não é um orgulhoso" (E 4p73s); ele além disso sabe que "o ódio deve ser dominado dando em retorno amor, e todo aquele que é levado pela razão deseja aos outros o mesmo bem que deseja para si" (E 4p73s). Ele é um santo secular, por assim dizer, uma vez que sua forma moral de vida está baseada numa compreensão adequada da natureza e de sua própria psicologia, e ele vive sua vida sob a estrita orientação da razão.

O sábio e a sociedade

Nós temos então uma abordagem de dois níveis da ética de Espinosa. No nível inferior, a maior parte de nós está motivada a seguir as regras da sociedade devido ao que a sociedade nos dá em retorno: ordem cívica, tempo para o lazer, recursos comunitários, proteção e assim por diante. É um bom acordo – nada mais, nada menos. No nível superior, alguns de nós – aqueles abençoados com uma sensatez maior – compreendem que nossas próprias naturais demandas racionais exigem que vivamos nossas vidas sob a orientação da razão, e esta razão exige uma vida que é "boa" tanto no sentido tradicional quanto no sentido de Espinosa. Nós vivemos vidas saudáveis, construtivas, alegres visando ser pessoas saudáveis, construtivas e alegres. A virtude, para o sábio, é a sua própria recompensa. O problema é que os dois níveis têm que existir juntos, uma vez que a sociedade é constituída de todo o tipo de pessoas. Então como é que a sociedade pode garantir que os "dois níveis" continuarão a obedecer as regras mesmo quando o seu descumprimento lhes traga algum pequeno benefício? E como os "níveis altos" se comportarão quando, numa sociedade imperfeita, a orientação da razão produza algum dano ou a morte?

Consideremos a segunda pergunta primeiro. Numa sociedade de sábios, seguir a orientação da razão será fácil, presumivelmente. Tal sociedade pode inclusive nem precisar de leis, uma vez que todos seguirão os ditames da razão unívoca. Mas quando estes sábios são colocados numa sociedade imperfeita – numa que talvez seja governada pelos "níveis baixos" –, então seguir a razão pode não ser o curso de ação mais inteligente. Imagine, por exemplo, uma sociedade que requeira que seus membros sejam cristãos, no momento da dor frente à morte. O sábio é colocado frente ao tribunal e é perguntado: "Você é cristão?" O sábio, lembrando a *Ética* de Espinosa, dá-se conta de que "Um homem livre sempre age honestamente, e não enganosamente". O que deve o sábio dizer? Dizer a verdade – a verdade sobre a concepção de Espinosa de Deus ou Natureza – significa morte certa, o que obviamente é "pecado", segundo Espinosa. Então parece que cabe ao sábio conceder, e agir de forma enganosa nesta ocasião, talvez com a esperança de poder agir posteriormente visando reformar a sociedade numa direção mais racional. Os "níveis mais altos", em geral, parece, precisam se acomodar à sociedade que está no seu entorno, e viver tão racionalmente quanto for possível naquelas circunstâncias.

E que tal fazer com que os "níveis mais baixos" obedeçam a lei? Há duas maneiras de fazer isso. Primeiro, a sociedade pode ameaçá-los com punições severas se eles forem pegos desrespeitando as leis. Medo é uma força poderosa, e medo de punições severas pode induzir muitos "níveis inferiores" a obedecer a lei mesmo quando parece que eles não serão pegos desrespeitando a lei. "Certamente" um "nível inferior" pode pensar, "eu provavelmente posso fugir roubando um pão, mas se de algum forma for pego, minha mão será cortada, e os benefícios não valem o risco". Nós podemos contar com o poder das paixões para manter os dos "nível inferior" na linha, tornando assim a fraqueza filosófica numa virtude cívica.

A segunda maneira de manter os dos "níveis inferiores" na linha também faz uso das paixões. Espinosa reconhece que a religião pode exercer uma poderosa influência sobre o comportamento humano, e de fato ele pensa que o principal objetivo de qualquer religião é fazer as pessoas comportarem-se de uma maneira moral. Acreditar num Deus todo-poderoso, que nos observa a todo instante, e que recompensará o comportamento virtuoso e punirá a desobediência, dará a uma pessoa um incentivo muito forte para ser moral. Deus é um policial e juiz perfeito, ocupando todo e qualquer espaço deixado vago quando os policiais e juízos humanos falham. Espinosa pensa que é razoável fazer com que os "níveis baixos" acreditem nisso, mesmo se os "níveis altos" entendam (após ler a *Ética*) que esta é uma maneira equivocada de pensar sobre Deus.

Pontos-chave

- É racional para nós procurarmos os confortos e a proteção da sociedade civil, e tratarmos os outros bem, contanto que isso seja exigido de nós para pertencer a tal sociedade.
- Nossa preocupação moral pelos outros é inicialmente autointeressada; à medida que nos tornamos mais racionais, sentimos uma obrigação adicional de viver a vida determinada pela razão pura (ou seja, viver a vida de um homem livre, à medida que somos capazes).
- Uma pessoa racional pode esperar ser um bom cidadão; os que não vivem sob a orientação da razão precisam ser persuadidos a serem bons cidadãos pela ameaça da punição e a influência das ilusórias ideias religiosas.

A política de Espinosa

Já vimos o relato de Espinosa de por que um estado político deve existir. No estado da natureza, onde cada indivíduo se defende por si, a vida será extremamente difícil. Será inclusive ser difícil dormir de noite, uma vez que estaremos preocupados que alguém possa surgir e nos matar e roubar os nossos pertences. Mas pela cooperação com os demais nós podemos viver uma vida mais fácil e ter uma chance melhor de satisfazer nosso *conatus* pela autopreservação. De forma que firmamos um "contrato social" e concordaremos respeitar certo conjunto de leis, ou seguir as ordens de algum líder que pode organizar os nossos esforços.

Nestas circunstâncias o contrato social funcionará somente à medida que existam maneiras de aplicá-lo, uma vez que, como vimos, há muitas oportunidades para nós de quebrar as regras e tirar vantagem da boa vontade de nossos companheiros. Assim, ao estabelecer um estado político, devemos dar ao líder – o *soberano* – o poder para aplicar as regras. Isso significará uma perda de poder de nossa parte; nós permitimos ao soberano aplicar regras que com frequência se revelam custosas para nós (p. ex., podemos autorizar o soberano a punir os que dirigem velozmente, e então podemos nós mesmos sermos pegos). Ainda assim, no geral, estamos melhores que estaríamos no estado da natureza; e é isso que legitima a autoridade política, de acordo com Espinosa. Ao nos movermos do estado da natureza ao estado político, devemos decidir que tipo de soberano queremos. A rota mais fácil é a monarquia: nós decidimos que uma pessoa deve reinar sobre nós através do serviço de um exército ou da força policial. Nós podemos inclusive delegar a uma pessoa o poder de selecionar seu sucessor. O problema, naturalmente, é que a pessoa pode não ser adequada à função. O monarca pode cobrar impostos pesados, ou aplicar pesados encargos aos cidadãos – tão pesados que os cidadãos podem se revoltar, uma vez que se torna menos claro o fato de que o estado da natureza seja mais perigoso que a vida sob o tirano assassino. Ainda, devemos considerar o tipo de aristocracia, ou alguma forma de governo na qual os cidadãos são governados por um pequeno grupo de pessoas privilegiadas. Mas os mesmos problemas podem emergir – a aristocracia pode decidir explorar os cidadãos de tal forma que a revolução se torna uma ideia atrativa. Por fim, Espinosa pensa que a forma mais estável de governo limitará as maneiras nas quais os cidadãos serão explorados.

Além disso, o perigo da revolução torna-se remoto, uma vez que os cidadãos essencialmente se revoltarão contra si mesmos.

Em seu *Tratado teológico-político* Espinosa apresenta este argumento descrevendo a história dos judeus, que foram primeiro liderados por Moisés, e então por líderes tribais ou religiosos. Moisés, pensa Espinosa, era um líder efetivo e capaz, a quem os judeus obedeciam em sua maioria, mas Moisés não apontou um único sucessor. Isso é um perigo inerente na monarquia: muitas batalhas foram travadas em torno da sucessão ao trono. Os judeus foram então liderados por vários líderes, com o resultado de que as tribos tornaram-se estados separados, e assim o estado original unificado foi dissolvido. Mas em vários momentos na história dos judeus o povo se autogovernou, e durante esses tempos houve muito pouca agitação cívica. Muito embora Espinosa pensasse que seria inadequado modelar um estado político moderno com base no exemplo dos antigos judeus, ele pensa que algumas lições gerais podem ser apreendidas: particularmente, a lição de que concentrar o poder nas mãos de uma pessoa ou de algumas pessoas tipicamente leva à instabilidade política. Se desejarmos nos juntar a uma estável organização maior, mais duradoura, então devemos nos juntar a uma democracia representativa. Espinosa escreve o *Tratado teológico-político* (assim como um *Tratado político* separado que não estava terminado ainda no momento de sua morte) não somente para apresentar um argumento geral sobre política, mas também para se dirigir às circunstâncias específicas da Holanda de seu tempo. A Holanda tinha sido governada por William II, que morreu em 1650. Seu filho era muito jovem para assumir o trono, de forma que as inúmeras províncias da Holanda se reuniram numa espécie de congresso, chamados de Estados-Gerais, sob a liderança de Jan de Witt. Quando William III tornou-se adulto perto do fim da década de 1660, ele e seus apoiadores procuraram restabelecer a monarquia. Espinosa opôs-se a esta ideia, e escreveu o *Tratado teológico-político* em 1670, em parte para ajudar a avançar a causa da democracia holandesa. Aqueles tempos eram difíceis. A república holandesa estava em guerra com a Inglaterra, e muitas pessoas pensavam que elas necessitavam uma monarquia em tempo de guerra. William III assumiu em 1672, e uma multidão enfurecida assassinou De Witt e seu irmão. Espinosa, diz-se, teve que ser fisicamente contido para não protestar contra a ação da turba.

A crítica de Espinosa à teologia

As razões de Espinosa para escrever o *Tratado teológico-político* não foram meramente políticas, naturalmente; elas foram também teológicas. É claro que, desde a perspectiva de Espinosa, a religião tradicional – seja nos seus dias ou nos nossos – está radicalmente errada. Espinosa pensa que Deus é uma substância impessoal, agindo necessariamente desde sua própria natureza, criando o nosso mundo e os eventos que nele ocorrem como sendo tão inevitáveis como teoremas que derivam de axiomas na geometria. Seria um equívoco tentar rezar para algo assim, ou esperar que os eventos sejam dispostos para nosso próprio benefício. Ainda assim as religiões concebem Deus como algo muito humano – eles *antropomorfizam* Deus, como diria Espinosa – com objetivos definidos, desejos e paixões. Os crentes pensam que eles podem afetar o que Deus realiza fazendo pedidos, e quando Deus não responde eles pensam que é porque Deus tem um fim melhor aguardando por nós. Além disso, eles usam Deus como uma explicação toda vez que eles encontram eventos naturais que não podem explicar.

Ao mesmo tempo, Espinosa pensa que existe um uso político para estas crenças equivocadas sobre Deus. Acreditar que Deus é um poderoso e invisível policial exigindo obediência a mandamentos morais ajuda a manter a paz na sociedade civil. Assim seu *Tratado teológico-político* tenta manter um equilíbrio delicado. Ele em parte alguma diz abertamente que todas estas crenças tradicionais são um absurdo. De fato, ele diz explicitamente que a Bíblia é um excelente guia para se viver uma vida moral, e ele pensa que um estado faria bem exigir de seus cidadãos incorporar as virtudes fundamentais que a Bíblia recomenda. Ao mesmo tempo, ele quer questionar muitas das afirmações metafísicas que os teólogos fazem com base na Bíblia – afirmações sobre o que Deus é e se Deus às vezes interfere com as leis da natureza – e ele deseja argumentar que as pessoas deveriam ser autorizadas a filosofar livremente e sem censura religiosa. Assim Espinosa deseja tornar a religião menos ameaçadora, apoiando seu poder de motivar comportamento moral enquanto apaga sua autoridade de nos dizer o que dizer e pensar sobre o mundo. No fim, Espinosa tem que afirmar que os autores da escritura sabiam muito sobre como uma pessoa moral é, mas realmente nada sabiam sobre ciência, metafísica ou filosofia.

E é isso exatamente o que ele diz. De seus primeiros estudos na escola judaica em Amsterdam, Espinosa tinha pleno conhecimento da Bíblia e hebraico. Capítulo após capítulo, ele cuidadosamente examina a Bíblia e faz observações agudas sobre as ambiguidades no texto, sobre os diferentes estilos de escritura e sobre o que ele pode deduzir sobre autoria, sobre os temperamentos sociológicos de vários profetas, e sobre as circunstâncias históricas e culturais dos antigos judeus. De fato, alguns acadêmicos identificaram o *Tratado teológico-político* como o primeiro trabalho no estudo bíblico moderno, uma vez que Espinosa foi um dos primeiros a tratar a Bíblia na mesma maneira acadêmica que nós passaríamos a tratar todo texto antigo.

O que Espinosa conclui é que os autores da Bíblia eram pré-científicos, e escreveram num tempo em que os eventos eram frequentemente exagerados e expressos de maneira metafórica e mitológica. Por exemplo, um evento importante, no qual um pequeno exército derrotou um grande, pode ser descrito como uma legião de inimigos perecendo sob as espadas de somente alguns poucos homens justos, com os anjos lutando ao seu lado. Profetas pessimistas viam Deus como alguém furioso, com terrível cólera e fúria; profetas gentis imaginavam Deus como amoroso e piedoso. Deus era frequentemente descrito em termos que impressionaria sobremaneira as pessoas daquele tempo (sentado num trono chamejante, talvez), e nada que se parecesse com algo metafisicamente preciso. Assim a Bíblia nos diz muito mais sobre as psicologias dos autores antigos e de seus leitores do que de Deus.

Mas, ao longo de toda a Bíblia, há um ensinamento moral que Espinosa considera como altamente valioso. Ele identifica sete "Dogmas da fé universal", que ele pensa ser os ensinamentos centrais da Bíblia.

Os dogmas são os seguintes:

1) Deus é um ser supremo assim como justo e misericordioso.

2) Deus é um.

3) Nada pode ser escondido de Deus.

4) Todos são obrigados a obedecer a Deus.

5) Obedecer a Deus significa ser justo e mostrar amor ao seu vizinho.

6) Todos e somente os que obedecem a Deus são salvos.

7) Deus perdoa os pecadores que se arrependem.

Estes dogmas são o que a Bíblia trata realmente, de acordo com Espinosa; ela não pretende produzir uma metafísica plausível ou uma cosmologia. Seu objetivo é fazer as pessoas acreditarem nestes dogmas – ou ao menos se comportarem como se elas acreditassem neles. Os autores da escritura eram gênios ao perceberem o que as pessoas queriam acreditar a fim de promover a harmonia cívica. E assim geralmente o objetivo da teologia, pensa Espinosa, não é a verdade filosófica, mas sim a obediência.

A liberdade de filosofar

Naturalmente, o próprio Espinosa não acreditava em todos os dogmas da fé universal. Ele não pensava que Deus fosse uma espécie de juiz que pudesse mostrar justiça, misericórdia e perdão, e não acreditava que as pessoas são "salvas" no sentido de serem admitidas ao paraíso. Mesmo assim, ele viu que os dogmas eram justamente o que nós queríamos que os "níveis baixos" (descritos anteriormente) acreditassem. Os "níveis superiores" não precisavam acreditar neles, uma vez que eles têm fortes razões filosóficas para serem justos e mostrar amor por seus vizinhos. Então, com o esforço duplo tanto da teologia como da filosofia, todas as pessoas poderiam ser motivadas a viverem vidas morais.

É porque ele viu o foco da teologia como sendo a *obediência* e o objetivo da filosofia como sendo a *verdade* que Espinosa pensava que deveria ser concedida a liberdade de pensar aos filósofos como quisessem e dizer o que bem entendessem. De forma que ele argumentava que as autoridades policiais não deveriam censurar os escritos dos filósofos: afinal, os "níveis inferiores" não teriam qualquer interesse nos argumentos filosóficos, e estariam motivados pelo comportamento moral através da religião, e os "níveis superiores" já entenderiam que ser moral está em seu melhor interesse. Mas nós todos podemos ver o que está errado neste argumento.

As autoridades policiais nos dias de Espinosa acreditavam que certos escritos filosóficos podem minar a confiança das pessoas nos dogmas religiosos – sejam eles "superiores" ou "inferiores" – e eles também acreditavam que se uma pessoa não acreditava no ser onisciente e onipotente que policia nosso comportamento, então aquela pessoa seria um ateísta, e não teria motivação real para ser moral. O próprio Espinosa mais tarde foi chamado de ateísta (apesar do fato de que ele não acreditava em outra coisa *a não ser* Deus), uma vez que "Deus" descrito na *Ética* não era exatamente o Deus policial. A ideia era que, se muitas pessoas lessem a *Ética* – ou ouvissem o suficiente sobre ela –, então eles perderiam o incentivo de serem cristãos justos e, por consequência, embarcariam em vidas pecadoras e criminosas.

Espinosa pode responder que qualquer um que esteja inclinado a ler a *Ética* (ou outros trabalhos filosóficos) seria capaz de apreciar as motivações de ser moral que surge do puramente autointeresse racional. Em outras palavras, qualquer um que seja suficientemente inteligente para pensar filosoficamente já vê as razões de ser moral; e todo o resto está coberto pela religião. Deve haver algo de verdade nisso. Se de fato é em nosso melhor interesse sermos bons membros da sociedade, então devemos esperar que qualquer um (por razões filosóficas ou antirreligiosas) que decida se rebelar contra a sociedade rapidamente aprenderá o erro de suas maneiras e reconsiderará seus pressupostos. No longo prazo, diríamos, a verdade aparecerá, e a rebelião antissocial se extinguirá. Mas é difícil ter fé neste argumento, uma vez que os grupos de pessoas que continuamente agem irracionalmente buscam fins absurdos e autodestrutivos – um ponto que Espinosa rapidamente aceita.

Pontos-chave

- Espinosa acredita que a forma de governo mais estável é a república democrática, uma vez que as pessoas terão menos propensão a se revoltar contra um governo no qual elas tomam parte.
- O Estado deve encorajar uma religião ampla e básica, uma vez que isso encorajará as pessoas menos racionais a agirem moralmente.
- O Estado deve conceder a liberdade para os filósofos dizerem o que desejarem, uma vez que os filósofos supostamente são suficientemente racionais para evitar dizer à população em geral aquilo que possa prejudicar a harmonia cívica.

A psicoterapia de Espinosa

Embora importantes, vamos nos afastar destas amplas preocupações políticas. Espinosa pensou profundamente sobre elas, mas ao mesmo tempo ele construiu para si um refúgio seguro no qual ele poderia manter-se isolado de todos os altos e baixos da mudança política, e, de fato, de todos os altos e baixos da vida humana. A última parte da *Ética* começa apresentando cerca de vinte proposições que descrevem as maneiras nas quais certas paixões podem ser reforçadas ou enfraquecidas. Destas proposições podemos construir uma psicoterapia espinosística – um programa de cinco passos que deveríamos seguir se quiséssemos reduzir nossa escravidão às paixões nocivas. Por exemplo, suponha que você esteja sofrendo de depressão. Nenhum curso de ação parece atrativo, a não ser sentar paralisado por horas sem fim. Mesmo alimento ou líquidos não são atraentes. Lágrimas surgem por razão alguma. Aqui estão os passos que Espinosa pensa deveríamos seguir, se você puder, para superar esta terrível condição:

1) *Entenda seu sentimento*. Você precisa entender o que está ocorrendo consigo psicológica e fisiologicamente. Sua compreensão precisa ser tão clara e distinta quanto possível: uma compreensão clínica por assim dizer.

2) *Separe causa e efeito*. Você então necessita compreender o que de fato está causando esta condição. Talvez, neste caso, a inutilidade inerente a sua vida não está causando sua depressão; talvez a depressão esteja sendo causada por algo menos dramático, como sua dieta, ou algum incômodo na produção de bioquímicos de seu corpo, ou a perda de um emprego ou de um animal de estimação, e assim por diante.

3) *Medite sobre isso*. Após, você precisa lembrar, à medida que você experimenta os sintomas da depressão, o que realmente está ocorrendo; você precisa se acostumar a associar a verdadeira causa de seus sentimentos com os próprios sentimentos. Ao longo do tempo, a clara compreensão substituirá aquela que é nebulosa. E tipicamente, quando nós conhecemos o que está causando um sentimento desconfortável, estaremos mais capacitados a enfrentar aquele sentimento.

4) *Relacione sua compreensão com aspectos permanentes do universo*. Isso pode parecer grandioso, mas nos casos onde a depressão não pode ser diretamente curada através de dieta ou medicação, sua melhor aposta (assim pensa Espinosa) é compreender como é que aquilo que você está experienciando é um resultado perfeitamente natural da maneira como o universo é. Um cientista vindo a compreender o fenômeno da depressão não precisa necessariamente ficar deprimido; em vez disso, ele aprecia as intricadas redes de causas e condições que produzem a depressão (e talvez fique até mesmo excitado com isso). Você deve adotar a mesma atitude: fique intelectualmente tão fascinado com sua condição (e tão distante dela) quanto ficaria um observador independente.

5) *Treine para manter esta compreensão*. Finalmente, você precisa agir para preservar a compreensão que você obteve, e se proteger de evitar voltar ao estado anterior. Talvez você decida impor a si alguma regra, tal como: "Toda vez que eu começar a olhar para o nada, devo imediatamente ler o escólio da proposição 10 da *Ética* de Espinosa, a parte 5". Ou talvez você identificará lugares que associa com sua depressão (tal como o canto de uma taberna) e parar de ir lá. Desenvolva algumas regras ou truques que lhe ajudem a manter sua compreensão clínica e distanciada da sua condição.

Assim sendo, Espinosa será o primeiro a admitir que este programa de autoajuda nem sempre funcionará. Alguns sentimentos simplesmente são profundos, e esforço algum de nossa compreensão os afastarão. Além do mais, nós todos estamos condenados a falhar no fim, lembre; nós perderemos a batalha contra nosso ambiente e ficaremos fracos e morreremos. Mas às vezes seremos capazes de controlar nossos sentimentos, ao invés de sermos controlados por eles, e Espinosa pensa que esta psicoterapia é uma estratégia adequada para obter vantagem sobre nossas paixões.

A eternidade da mente

Após esta psicoterapia surge uma das seções mais intrigantes da *Ética*, e da filosofia de Espinosa como um todo. As últimas proposições da *Ética* preocupam-se com a doutrina de Espinosa sobre a eternidade da mente: a maneira na qual a mente nunca morre.

Há dois enigmas sobre este bloco de proposições. Primeiro, a doutrina do paralelismo de Espinosa afirma que a mente e o corpo são a mesma coisa, concebidos com base em dois atributos distintos. Mas nós sabemos que o corpo eventualmente morrerá e se desintegrará. Surge aí o primeiro enigma: Como a mente sobreviverá? O segundo enigma tem a ver com as diferentes maneiras nas quais Espinosa escreve sobre a "eternidade". Em vários lugares ele assinala que "eternidade" não significa um tempo infinito, mas em vez disso *intemporalidade*. Mas em outros lugares ele parece implicar que, à medida que ganhamos uma compreensão adequada das coisas, uma maior porção de nossa mente é eterna. O enigma é como mais e mais uma coisa pode *tornar-se* intemporal. Podemos dizer que, *no passado*, somente um terço era intemporal, mas *agora* cerca da metade é intemporal?

É seguro dizer que pessoa alguma fez sentido desta parte da filosofia de Espinosa. Mas nós talvez possamos apresentar uma visão do que Espinosa poderia ter desenvolvido que captura a maior parte (embora não tudo) do que ele diz. Esta visão consiste de três observações. Primeira, recordemos que, de acordo com a filosofia de Espinosa, há uma mente infinita na natureza, assim como há um corpo infinito (o universo físico). Nesta mente infinita (ou o "intelecto infinito", como Espinosa o denomina) estão as ideias de todas as coisas existentes. Podemos pensar neste intelecto infinito como o "grandioso livro de tudo", contendo relatos precisos, exatos e adequados de absolutamente tudo o que ocorre no universo: "No tempo t1, x ocorre; no tempo t2, y ocorre; no tempo t3..." Este livro poderia ser chamado de "eterno" no sentido de que sua existência não tem nada a ver com o tempo: ele não é mais verdadeiro num tempo do que noutro, e ele não muda.

Após, devemos nos dar conta que sempre que obtemos uma compreensão de algo, temos em nossas mentes a mesma ideia que está presente no intelecto infinito. O relato que está em nossa mente, em outras palavras, é o mesmo que o relato que está presente no "grandioso livro de tudo". Naquele sentido, quando nós compreendemos algo adequadamente, parte de nossa mente *torna-se* eterna; naturalmente, o relato está no livro eternamente, mas o relato só agora tornou-se parte de nossa mente. Além do mais, uma vez que existem noções que sempre foram essenciais a nossas mentes, e as noções comuns são perfeitamente adequadas, há sempre algo pertencendo à essência de nossas mentes que é eterna.

Finalmente, nós temos sempre visto que o grande esforço da mente é obter conhecimento adequado. À medida que conseguimos isso, nós sentimos imensa alegria, uma vez que a mente se fortalece e se aperfeiçoa. Quando conseguimos conhecer as coisas através de um terceiro tipo de conhecimento, nós sentimos a maior alegria intelectual possível. Nestas circunstâncias nós associamos a enorme alegria com a ideia de Deus, uma vez que o terceiro tipo de conhecimento consiste em ver imediatamente como as coisas estão relacionadas à essência de Deus. Assim nós experimentamos *o amor intelectual por Deus*, algo que parece tornar Espinosa tonto de tanto entusiasmo.

Como alertamos, esta visão não faz sentido com tudo o que Espinosa diz sobre a eternidade da mente, mas ela captura os principais pontos e é amplamente consistente com o resto de sua metafísica. Vários estudiosos suspeitaram que Espinosa foi tomado por suas paixões ao escrever esta parte da *Ética* – no fim, ele gostaria de ter algum tipo de vida após a morte, e ele sentiu que isso poderia lhe escapar. Outros estudiosos pensaram que o aparente entusiasmo de

Espinosa é somente um subterfúgio que permite ao leitor superficial pensar que Espinosa oferece uma vida após a morte, enquanto um leitor mais cuidadoso verá nisso um ardil. (Neste ponto final da *Ética*, por que Espinosa repentinamente gostaria de não correr riscos?)

Deixando de lado esta controvérsia, podemos assim mesmo perguntar que tipo de vida pós-morte se obtém desta doutrina da eternidade da mente. A resposta depende de como nós compreendemos o temperamento de Espinosa. Se nós pensarmos em Espinosa como sendo um racionalista ferrenho, então a resposta é: não muito. Considere o fato de que toda ideia adequada que você terá já está eternamente presente no intelecto infinito; se você desejar saber o que você experimentará após a morte, a resposta é que ela será a mesma que você obteve antes de nascer. Não existe outra razão para se ficar excitado sobre este tipo de vida após a morte do que seria se nos assegurassem que, mesmo após a morte, nossos nomes continuariam a ser publicados no guia telefônico.

Por outro lado, se pensarmos de Espinosa não como um racionalista, mas como um místico (como o fazem alguns estudiosos), então talvez exista um tipo de experiência extraordinária que desfrutamos em virtude de sermos partes do intelecto infinito. Na experiência ordinária temporal, não experimentamos a intemporalidade. Mas raros momentos aparecem – talvez momentos que Espinosa descreveria como de amor intelectual por Deus – nos quais nos sentimos perdidos em contemplação metafísica, e talvez parte de alguma mente eterna. Como escreve Espinosa,

> Embora seja impossível que devamos recordar que existimos antes do corpo – uma vez que não existem resquícios disso no corpo, e a eternidade não pode ser definida nem pelo tempo nem por ter qualquer relação com o tempo –, ainda assim sentimos e sabemos pela experiência que somos eternos. Pois a mente sente que ela concebe as coisas através da compreensão, assim como pelo que tem na memória (E 5p23s).

Talvez o próprio Espinosa, à medida que elaborava a estrutura dedutiva da *Ética*, às vezes sentiu que estava superando o tempo e assim juntando-se a alguma esfera das ideias; matemáticos honestos relatarão este tipo de sensação. E talvez Espinosa tenha procurado alguma maneira de incluir esta extraordinária experiência em sua filosofia, mesmo que ela não se adequasse muito bem com outras coisas que ele demonstrou num estado de mente mais sereno.

Pontos-chave

- Espinosa acredita que o autointeresse racional oferece o início do estabelecimento de uma sociedade cívica estável. Precisa ser acrescentado àquela base tanto as crenças religiosas (para encorajar a moralidade) ou a orientação da razão (para os capazes disso).
- O ser humano ideal é alguém que vive sob a orientação da razão. Esta pessoa é plenamente autônoma, e segue os ditames da razão que governam imparcialmente tudo. Na medida em que conseguimos isso, somos virtuosos.
- O estado mais estável é a república democrática. Tal república deve permitir a liberdade de expressão.
- Podemos obter alguma maestria sobre as paixões através da compreensão das mesmas e mantendo na mente a necessidade de todas as coisas.
- Nossa maior alegria é o amor intelectual de Deus, que surge de um conhecimento racional ou intuitivo da maneira na qual todas as coisas estão em Deus. Isso também dá a nossas mentes uma espécie de eternidade.

5

O mundo das mônadas de Leibniz

A vida de Leibniz

Gottfried Wilhelm Leibniz nasceu em 1646 num mundo atribulado e imperfeito. A Guerra dos Trinta Anos, que transcorria desde 1618, tinha feito a população da Alemanha decrescer à metade. O pai de Leibniz era um professor de Filosofia da Universidade de Leipzig, e embora ele tenha conhecido pouco seu filho (ele morreu quando Leibniz tinha somente 6 anos de idade), foi o suficiente para que reconhecesse e se orgulhasse da preciosa inteligência de Leibniz. Leibniz e sua irmã foram criados por sua amorosa mãe, e Leibniz devotou a maior parte de sua infância a ler o acervo da biblioteca de seu pai, dominando o latim e o grego ao longo dessa trajetória. Ele se matriculou na Universidade de Leipzig quando tinha 15 anos. Somente dois anos mais tarde ele produziu uma tese sobre metafísica; três anos depois ele publicou um pequeno trabalho em matemática; e logo depois lhe foi conferido o grau de doutor em jurisprudência. Seria nestes três campos – a metafísica, a matemática e a justiça – que Leibniz investiria seus esforços intelectuais pelo resto de sua vida. O mundo descrito por sua filosofia teria no seu cerne uma profunda metafísica, uma elegante harmonia matemática e uma garantia sem compromisso da justiça divina.

Em suma, o mundo que ele vislumbrou tinha tudo que faltava à Alemanha devastada pela guerra.

Aos 20 anos foi oferecido a Leibniz uma posição de professor na Universidade de Atdorf, mas ele não aceitou, decidindo em vez disso tentar fazer uma contribuição maior ao instável mundo político no seu entorno. Seu plano, sem dúvida, era desenvolver sua visão filosófica numa profundidade maior em detalhe, e então partilhar sua visão com os governantes do mundo de forma que juntos eles pudessem forjar um governo justo e mais racional. Então começou sua carreira de serviços a vários personagens da realeza que duraria uma vida inteira – duques e condes, a maioria, incluindo alguns que se tornaram reis e princesas. Mas as figuras reais que ele serviu tipicamente esperavam serviços mais mundanos dele (como fazendo genealogias reais), e eles frequentemente ficavam impacientes quando Leibniz passava o seu tempo em vez disso em projetos bem maiores. Eles mostravam pouco interesse em seus planos políticos utópicos, e interesse nenhum em suas brilhantes visões em matemática e metafísica. Leibniz passou uma boa parte de sua vida buscando um patrono real após o outro, esperando assim encontrar um que pudesse reconhecer plenamente, recompensar e apoiar sua missão. Ele nunca o encontrou. Sua vida é a história triste de um homem brilhante pronto a devotar todas suas energias intelectuais para fazer o mundo um lugar melhor, e que experimentou principalmente rejeição e negligência. No momento de sua morte em 1716 ele praticamente tinha sido esquecido, e seu túmulo ficou sem registros por quinhentos anos.

Leibniz escreveu dois livros filosóficos durante sua vida (um publicado postumamente), junto com vários breves ensaios e artigos. Filósofos proeminentes tais como Christian Wolff e Immanuel Kant reconheceram sua importância e ajudaram a tornar outros filósofos conscientes de sua filosofia, mas um catálogo sistemático e compreensivo de trabalhos não publicados de Leibniz não esteve disponível até o fim do século XIX. Somente então se descobriu que ele tinha escrito cerca de 15 mil cartas e 40 outros trabalhos, indo desde pequenos ensaios até longos tratados. Um projeto de publicar uma edição crítica de seus trabalhos começou em 1901. O projeto continua até hoje, e agora há cerca de cinquenta volumes publicados nesta série, com muitos mais a virem ainda. Além de desenvolver uma metafísica e teologia profundas (que ainda examinaremos neste capítulo e no capítulo 6), Leibniz ainda é reconhecido por ter descoberto de forma independente o cálculo ao mesmo tempo em que Isaac Newton. Ele também escreveu extensivamente sobre o mundo político de seus dias, incluindo um longo trabalho sobre as relações europeias com o Egito e a China, e propôs várias inovações em tecnologia de mineração. Praticamente não há tópico sobre o qual ele não tenha se referido num ou noutro trabalho. Como veremos, Leibniz afirmou em sua metafísica que cada mente reflete o universo inteiro, mas a amplitude de seus interesses sugere que talvez ele estivesse somente generalizando a partir de seu próprio caso.

É difícil dizer muito sobre a vida pessoal de Leibniz. Ele parece não ter tido tal vida. Sua mãe morreu quando ele tinha 18 anos, e sua irmã faleceu dois anos mais tarde. Ele nunca casou, e não temos evidência que tenha se envolvido romanticamente com quem quer que seja. (Como um biógrafo observa, nenhuma das suas15 mil cartas pode se considerada uma carta de amor.)

Conta-se uma estória que certa vez Leibniz propôs casamento a uma mulher que tinha 50 anos de idade, mas ela pediu tempo para pensar, e, quando se decidiu, Leibniz tinha alterado seus planos. No entanto, está claro que ele tinha muitos charmes sociais e era capaz de fazer amigos facilmente. Viajou extensivamente através da Europa e saboreou a vida cultural de Paris. Ele mantinha correspondência com inúmeras pessoas interessantes e também desenvolveu amizades filosóficas com várias mulheres da realeza, incluindo Elisabeth, a amiga de Descartes; sua irmã, a Eleitora Sofia de Hanover; e a irmã de Sofia, Sofia Charlotte, a primeira rainha da Prússia. Ele foi um grande conciliador, procurando descobrir as maneiras nas quais todos os prévios filósofos e teólogos tenham obtido uma perspectiva da verdade – ou seja, as maneiras nas quais todo grande filósofo tenha antecipado (embora talvez de uma maneira confusa) o seu próprio grande sistema metafísico.

O espírito filosófico

Num espírito filosófico amplo, Leibniz era muito parecido com Tomás de Aquino, que elaborou uma síntese engenhosa da filosofia natural de Aristóteles com os princípios fundamentais do cristianismo. Há uma sensação clara de que Leibniz desejava ser o novo Aquino do século XVII, sintetizando a nova física mecânica de Galileu, Descartes e Huygens (e Leibniz) com as formas protestante e católica do cristianismo. Ao mesmo tempo, ele também procurou preservar os profundos *insights* tanto de Platão como de Aristóteles, e mostrar que verdade existe tanto no racionalismo como no empirismo. Em suma, ele queria revelar a verdade de todo grande filósofo e forjar um sistema metafísico ao qual todos os pensadores (de todas as épocas) pudessem subscrever. Ele era um sintetizador consumado. Ao rever a metafísica de Leibniz é importante levar isso em conta, já que às vezes ele pode parecer estar preocupado com doutrinas que poucos de nós têm interesse agora. Elas eram de interesse de Leibniz precisamente porque alguém que ele respeitava considerou-as verdadeiras, e Leibniz queria ver a verdade nelas por si.

De forma que podemos ver no sistema de Leibniz uma estranha combinação de aliados, por assim dizer. Podemos pensar que as leis da colisão determinam cada efeito, mas também que os organismos não exercem realmente influência causal um sobre o outro. Podemos considerar que cada verdade é analítica, ou seja, verdade em virtude dos significados dos termos; mas também que ainda algumas verdades são contingentes (ou seja, elas poderiam ter sido diferentes). Podemos considerar que cada matéria espelha o resto do universo a partir de seu próprio ponto de vista; mas também que, dizendo de uma forma precisa, as matérias não podem perceber nada fora de si mesmas. A filosofia de Leibniz estava carregada com carga máxima; ele tratou de acomodar tantas visões filosóficas dentro dela quanto possível, e acrescentar uma única mais poderia fazer com que ela explodisse.

Devemos mencionar um filósofo que exerceu uma forte influência negativa em Leibniz: Espinosa, a quem Leibniz visitou em Haia em 1670. Como dito nos capítulos anteriores, Espinosa acreditava num ser divino impessoal cuja natureza necessitava de todas as coisas no sentido mais forte do termo. Em certo momento de sua vida, Leibniz esteve inclinado a este ponto de vista; como um racionalista, ele considerou atrativa e convincente a lógica de Espinosa. Mas (como mais tarde ele relatou) Leibniz recuou "deste perigoso precipício", considerando seriamente o grande número de coisas que são meramente possíveis e nunca reais. Certamente, ao que parece, podem ter existidos cães com chifres, ou rãs com sangue quente, ou patrocinadores dedicados a financiar com grande volume de dinheiro os objetivos de Leibniz, mas que de fato no mundo real eles não tenham existido. Quando consideramos estas possibilidades como genuínas, o necessitarianismo de Espinosa se derrete, e precisamos encontrar alguma explicação de por que o que é real é real, e porque o que é meramente possível não existe. Esta preocupação – a de preservar a contingência genuína e então evitar a temida doutrina da necessidade de Espinosa – exerceu um atração poderosa sobre a trajetória filosófica de Leibniz. Com frequência Leibniz rejeitava certa visão simplesmente porque ele via que ela poderia levar ao espinosismo, e que, ele acreditava, era suficiente para mostrar que esta visão era falsa. E, como disse um comentarista, Leibniz foi influenciado por muitos filósofos, mas ele era *assombrado* por Espinosa.

A imagem metafísica básica

É difícil oferecer uma imagem compreensiva da metafísica de Leibniz, e não somente porque ela estava carregada com capacidade máxima. É difícil também porque Leibniz levou muitos anos desenvolvendo sua "metafísica madura", e muitos comentaristas ainda estão ocupados em descobrir as várias posições que Leibniz elaborou enquanto se dirigia ao seu lugar de descanso final. Mas devemos tentar começar com um esquema de sua visão de mundo madura, e nos voltar então em seções subsequentes a tratamentos mais detalhados de seus aspectos particulares.

Para se ter uma visão inicial da metafísica de Leibniz devemos empregar um mecanismo imaginativo. Tente imaginar, se você puder, a coleção inteira de todos os pontos espaciais no universo – todos os pontos através de todo o espaço, a partir de um ponto no final de seu mindinho até às mais altas montanhas em Marte; a partir de um ponto no meio do Atlântico até a um ponto no centro do sol, e assim por diante. É uma coleção incrivelmente vasta de pontos, tão infinitos quanto alcançar o próprio espaço, e infinito numa pequena escala igualmente, uma vez que toda região ou objeto que nos interessa descrever conterá em si uma infinidade de muitos pontos dentro de suas fronteiras, mas nós não deixaremos que isso nos paralise; vamos começar com todos eles. Imagine agora que cada um destes pontos seja algo como uma estação de gravação: cada ponto registra tudo que aconteceu, está acontecendo e acontecerá em todo o universo, a partir de seu ponto de vista. Cada ponto de sua câmera estará sempre em funcionamento, por assim dizer, dirigida a todas as direções e visando a todas as distâncias. Naturalmente, os pontos terão mais informação clara e objetiva sobre alguns eventos, e em certa medida terão informações mais obscuras sobre outros. Mas cada ponto reflete e registra tudo, com graus variados de clareza, a partir de sua própria perspectiva. Até aqui, tudo bem. Precisamos fazer dois movimentos adicionais para alcançar a visão metafísica básica de Leibniz. Primeiro, suponha agora que estes pontos não percebem ou observam *realmente* o que está acontecendo em todo o universo. Em vez disso, suponha que toda a informação sobre o que está acontecendo noutro lugar é *interno* a ele. Cada ponto vem "pré-programado" com todas suas percepções inseridas. Falando de uma forma precisa, informação ou sinal algum passa de um ponto ao outro, embora pareça como se os sinais foram enviados, uma vez que, quando há uma alteração num ponto determinado, aquela modificação aparece em todos os outros pontos. Mas esta é uma instância de coordenação e sincronização maravilhosa, e não uma instância de sinais passando. Cada ponto é um mundo em si, e nada o penetra e nada sai dele. Mas as percepções depositadas dentro destes pontos são tão maravilhosamente sincronizadas que é como se uma informação estivesse passando confortavelmente entre eles. Os pontos são, digamos, perfeitamente harmonizados um com o outro. Leibniz denomina isso de *harmonia universal*.

Este é o primeiro passo. O segundo passo – e este é um grande passo – é eliminar o espaço que supostamente reúne estes pontos. Os pontos não têm tamanho, e não têm uma posição em qualquer espaço.

O último passo pode parecer que estamos puxando o tapete sob os nossos pés. Começamos com o espaço em ordem a fim de imaginar todos os pontos contido dentro deste espaço, para fazer sentido do que estes pontos perceberiam e como eles se harmonizariam um com o outro. Mas uma vez que tenhamos todas as percepções reunidas em cada ponto, e cortamos todas as interações entre os pontos, não há mais necessidade do espaço. Isso não acrescenta informação adicional alguma à estória. Foi simplesmente uma forma de fazer decolar nossa metafísica, e nós agora podemos descartá-la. A imagem resultante nos dá uma ampla visão precisa da metafísica de Leibniz. Os "pontos" sobre os quais temos falado são chamados de *mônadas* por Leibniz. Cada mônada é uma substância, contendo dentro de si todos seus estados passados, presente e futuro. Ele também contém estoques de informação sobre todos as outras mônadas. As mônadas não interagem genuinamente uma com a outra, e elas não estão localizadas no espaço. Cada uma delas é como uma alma cartesiana – imaterial, não estendida e capaz de representar as coisas. Há uma vasta infinidade de mônadas, assim como tipicamente nós pensamos sobre a existência de uma vasta infinidade de pontos no espaço. O mundo mais familiar de corpos, rochas, animais e estrelas (e pontos no espaço) surge de alguma maneira da informação estocada nas mônadas: as mônadas são fundamentalmente reais, e o mundo familiar *intervém* nelas (ou "anda junto" com elas).

O mundo material

Tendo isso em mente pode nos ajudar a pensar a metafísica de Leibniz como ocupando dois níveis. No nível básico há uma infinita coleção de mônadas como se elas fossem mentes, como descrevemos. Cada mônada está plena com percepções de outras mônadas, em graus variados de clareza e distinção. As percepções das mônadas estão ordenadas numa sequência – elas percebem um estado do universo, e então outro, e outro e assim por diante –, mas elas não têm nem tamanho ou forma e não estão localizadas no espaço. A cada momento elas percebem o que está acontecendo em todas as outras mônadas num certo momento – e esta percepção de muitos diferentes eventos que ocorrem num mesmo momento, de acordo com Leibniz, é o que dá origem à percepção do espaço e a uma pluralidade de objetos no espaço. O mundo espacial está no nível superior na metafísica de Leibniz, onde nós encontramos matérias infinitamente divisíveis movendo-se por toda a parte e colidindo de acordo com as leis da natureza e assim por diante. Não seria correto pensar as matérias como compostos de mônadas, da mesma maneira que os castelos de areia são compostos de areia; como dissemos, as mônadas não estão localizadas em qualquer outro espaço. E, sim, os organismos *surgem* das percepções das mônadas. Uma analogia mais útil para se ter em mente é a da rede web mundial. Podemos falar sobre visitar "sites" na web e descobrir novos "lugares" na web e navegar através do "ciberespaço". Mas a web não é um território físico real; ele se vale dos estados representacionais de milhares de computadores individuais, e não existe sem eles. Nós viajamos através deles e descobrimos lugares neles, mas não é o nosso lugar. De forma similar, o mundo estendido, de acordo com Leibniz, existe através de representações coordenadas de entidades individuais que não são partes do mundo estendido. O nosso assim chamado mundo "real" do espaço e material é o virtual gerado pelas mônadas. Nosso espaço e as entidades nele ganham sua realidade através das relações entre as percepções das mônadas.

Num certo sentido esta afirmativa parece familiar. Cada ser humano tem uma perspectiva única sobre o mundo dos objetos: por exemplo, você vê o jardim a partir de um ângulo, e eu vejo a partir de outro. Nosso campo de percepção é bem diferente, mas há estruturas similares. Talvez você e eu percebamos as beterrabas como sendo tão parecidas às batatas quanto ao feijão, embora você as considere mais próximas do feijão e eu mais às batatas. De acordo com nossas percepções podemos falar com sensibilidade do jardim dos objetos numa maneira que é neutra entre nossas percepções. De nossas perspectivas nós construímos o mundo que está "lá fora", existindo independentemente de sua perspectiva ou da minha. Assim sendo, nós podemos chamar o mundo que está lá fora de "mundo real", mas Leibniz reverte esta ordem (da mesma forma que o idealista britânico George Berkeley – 1685/1753 – fez). As percepções em nossa alma são mais reais do que o mundo que nós construímos para elas, de acordo com Leibniz. O mundo que "está lá fora" é uma entidade cuja existência se vale de nossas percepções. Isso, outra vez, não é dizer que seja uma ilusão; é simplesmente um fenômeno de segundo nível, em vez de ser uma realidade de primeiro nível. E, isso precisa ser lembrado, Leibniz não limita esta visão somente a seres humanos conscientes; há uma infinidade de mônadas percebendo o universo, uma para cada ponto no espaço.

Como podem as representações de um grupo de mônadas imateriais fazer surgir o fenômeno do mundo espacial? Com certeza, qualquer descrição adequada da resposta de Leibniz a esta pergunta requer um longo livro (se uma resposta adequada fosse afinal possível). Mas podemos fazer um esquema rápido e inadequado, para os nossos propósitos. Suponha, visando a simplicidade, que existam somente três mônadas no universo: A, B e C. Cada uma delas percebe as outras, em graus variados de clareza. Vamos representar os graus de clareza em nossas percepções de um ao outro utilizando diferentes tipos de gráficos (listando as percepções desde a mais clara à menos clara): ***A***, A, ***a***, a. Agora suponha que nossas três mônadas tenham os seguintes conjuntos de percepções:

A = {**A**, **b**, c}

B = {**a**, **B**, C}

C = {a, B, **C**}

Podemos transformar esta informação num modelo de como estas mônadas estão espacialmente relacionadas uma à outra (assumindo, somente para esta ilustração, que quanto mais próximas duas mônadas estejam uma da outra, maior é a clareza que elas percebem uma da outra). Observe, em primeiro lugar, que cada mônada percebe a si mais claramente. Também observe que quaisquer duas mônadas percebem uma à outra com clareza idêntica. Observe que B e C percebem um ao outro bem claramente, de forma que eles estariam muito próximos um ao outro. De fato, eles estão mais próximos um do outro do que A, uma vez que eles percebem um ao outro mais claramente do que eles percebem A. B percebe A um pouco mais claramente do que C, de forma que B deve estar mais próximo a A do que a C. Com tudo isso em mente, podemos construir o seguinte modelo espacial destas percepções das mônadas:

A   B C

O ponto desta ilustração visa simplesmente mostrar o tipo de maneira que a informação não espacial pode se transformar numa informação espacial. Em geral, a ilustração não funcionará como uma explicação da metafísica monádica de Leibniz. Certamente, há muito mais do que simplesmente três mônadas. Cada mônada a qualquer tempo está percebendo uma infinidade de outras mônadas, com todas as variações de graus de clareza. Segundo, as diferenças em graus de clareza não devem ser entendidas sempre para apresentar as diferenças na distância espacial. As mônadas podem ter muitos tipos diferentes de relações uma com a outra, incluindo relações de domínio e de maior ou menor perfeição, e a clareza nas percepções das mônadas pode explicar uma ou outra destas relações. (Como logo veremos, as mônadas que entram na composição do corpo animal terão melhor percepção da mônada "dominante" do animal do que terão de uma outra, mesmo se as partes do corpo que elas ajudarão a compor estejam próximas uma da outra.) Portanto, a distância não é a única coisa, ou mesmo a principal coisa. Finalmente, por tudo o que sabemos, Leibniz pode ter desejado dizer por "espacialidade" como algo que já está construído nas percepções de cada mônada, numa maneira que você pensa de um campo de futebol como já tendo certa espacialidade inerente. Talvez seja o caso, talvez não. Ao final das contas, Leibniz não ofereceu um relato detalhado de exatamente como ou por que nosso mundo espacial surge do mundo das percepções monádicas. Este esquema visa somente oferecer algum encorajamento para sua linha básica de pensamento, que umas séries ordenadas de percepções de substâncias não espaciais podem de fato suportar um modelo espacial para aquelas percepções.

Motivação: simplicidade

Apesar de haver alguma afinidade como nossas noções ordinárias das perspectivas individuais, precisa ser admitido que esta é uma visão metafísica grotesca e bizarra. O que possivelmente pode tê-la motivado? Como podemos ver, esta visão tem o benefício de se desviar de um leque de problemas filosóficos, tal como o problema da causalidade e de mente/cérebro. Mas talvez a mais importante doutrina filosófica que motiva a metafísica de Leibniz é a visão de que as substâncias reais precisam ser *simples*. Uma matéria, na metafísica de qualquer um, é um ator principal no universo. Em última instância, as verdades do universo precisam ser traduzíveis em verdades sobre as entidades últimas do universo, que são as matérias do universo. Agora, uma matéria pode estar composta de outras coisas? Parece que não. Pois se uma matéria fosse composta de outras coisas, então estas outras seriam as verdadeiras matérias. Uma substância, se for uma matéria verdadeira, não pode ser composta de coisas mais básicas – e isso significa dizer que uma matéria precisa ser simples.

Vamos perguntar agora se a matéria pode ter tamanho. Outra vez, parece que não. Pois, se tivesse, teria partes: uma metade à direita e uma à esquerda, e um dentro e um fora. Mas as matérias são simples, e não têm partes. Portanto (conclui Leibniz), as matérias não têm tamanho, ou não são estendidas. Então o que é uma substância, se ela não é estendida? Se seguirmos Descartes e Espinosa, devemos crer que há somente dois atributos que podemos conceber: pensamento e extensão. Se uma substância não é estendida, então é a mente, ou ao menos algo similar à mente. Uma mente cartesiana não é estendida e sem partes, mas é também capaz de existir em vários *estados*, tais como o estado de *resolução de* uma equação algébrica ou a de *contemplação de* verdades metafísicas ou a de se *perguntar* se determinado patrão pagará em dinheiro o que deve. Estes estados são representacionais e podem ser extremamente detalhados e complexos. Leibniz modelou suas mônadas em mentes cartesianas, como matérias que não são estendidas e simples, com estados que podem representar objetos complexos.

Leibniz acredita que precisam haver substâncias fundamentais no universo. Naturalmente, isso não é dizer que precisa haver átomos, ou partículas subatômicas inquebráveis. Como veremos, Leibniz acreditava que o mundo material é divisível sem limites. Em vez disso, Leibniz acreditava que precisa haver uma "base" à realidade, algumas entidades fundamentais que fornecem os fatos mais básicos sobre o mundo. As mônadas são as entidades que permitem a possibilidade das explicações últimas – tudo em nosso mundo dos fenômenos é explicado em última instância pelo que elas fazem, e o que elas fazem não é explicado em termos de quaisquer substâncias mais básicas. Elas são o fundamento ontológico de nosso universo.

Pontos-chave

- Leibniz acreditava que o mundo sociotemporal é de alguma maneira gerado por uma infinita população de substâncias simples, imateriais, chamadas "mônadas". Cada mônada contém dentro de si as representações de todas as outras mônadas, a partir de um ponto de vista distinto.
- As mônadas não têm "aberturas" no sentido que informação alguma entra ou sai delas. Cada uma é inteiramente pré-programada com todas as suas percepções.
- As percepções das mônadas são perfeitamente coordenadas numa harmonia universal.

Problemas resolvidos: causalidade, e corpo e mente

Ao tornar as mônadas sem aberturas – ou seja, nada entra nelas ou as deixa – Leibniz também respondeu ao problema da causalidade. Se nós lembrarmos nossa discussão anterior do ocasionalismo no capítulo 1, devemos lembrar que os filósofos do século XVII estavam desconcertados sobre como uma coisa pode exercer uma influência causal sobre outra coisa. O movimento, por exemplo, é uma propriedade do corpo, e as propriedades não podem passar de uma matéria a outra; portanto, parece que os corpos não podem passar o movimento de um para outro (este é o problema da causalidade corpo/corpo). De forma que os ocasionalistas acreditavam que

Deus miraculosamente produz mudanças nos corpos nos momentos de suas colisões com outros corpos, fazendo parecer como se os organismos realmente afetassem um ao outro quando na realidade eles não o faziam. Leibniz era sensível ao problema da causalidade, mas ele recuou a sugestão de que Deus tinha seu dedo em toda e qualquer instância da causalidade. Ele concluiu então que as mônadas moviam-se com estardalhaço de um estado representacional a um estado representacional seu próprio, sem ser afetado de qualquer maneira por outras mônadas. Cada mônada em qualquer momento está em algum estado; está armada ao mesmo tempo com uma regra ou fórmula determinando seu próximo estado; e daquele estado há uma regra determinando seu próximo estado; e assim por diante. Mas as mônadas não se movem de maneira arbitrária e descoordenada. Elas estão sincronizadas e coordenadas por Deus em tal maneira que concordaram uma com a outra em suas representações. Leibniz chama isso de *harmonia universal* entre as mônadas – elas estão prontas para produzirem o conjunto certo de representações nos momentos certos, de forma a fazer com que isso se pareça como se existisse um universo de entidades em interação causal uma com a outra. Deus empilha o convés, por assim dizer.

Isso permite uma solução fácil do problema da mente/corpo. Cada ser humano tem uma alma e um corpo. A alma é uma mônada que é nossa consciência, exatamente como um cartesiano dualista acredita. O corpo, como vimos, é um fenômeno que surge de um complexo conjunto de relações entre um infinito número de mônadas. Ambos estão perfeitamente coordenados através da harmonia preestabelecida de Deus, de forma que minha decisão de levantar meu braço está coordenada com meu braço subindo, e a colisão de meu dedo do pé com uma pedra está coordenada com minha percepção de dor. Corpo e mente parecem interagir, da mesma forma que as bolas de bilhar parecem interagir, mas em ambos os casos é uma questão de Deus plantando um acordo sincronizado de percepções das mônadas.

A harmonia universal entre as percepções monádicas é direta e precisa o suficiente para permitir uma descrição puramente mecânica de um fenômeno mais mundano (colocando de lado os milagres bíblicos por um momento). Ou seja, Leibniz acreditava que um físico armado com todos os dados e as corretas leis mecânicas da natureza poderia explicar e prever todos os eventos naturais com exata precisão. Além disso, Leibniz acreditava que os organismos afetam uns aos outros somente através da colisão; ação à distância, tal como a gravidade newtoniana, não é possível na física de Leibniz. De forma que podemos dizer que, no nível superior da metafísica de Leibniz, o determinismo causal entre as matérias é verdadeiro; num nível básico, não há interação causal entre as matérias. Outra vez: no nível superior, os organismos afetam uns aos outros somente através do impacto, no nível básico as matérias estão completamente isoladas umas das outras. Se nossas almas são mônadas, e as mônadas espelham o resto do universo, nós podemos perguntar por que é que não temos muito mais percepções do que de fato possuímos. Por que não temos consciência de tudo o que está ocorrendo no universo? Leibniz diria que de fato temos estas percepções, mas nós simplesmente não temos consciência delas. É como quando nós ouvimos uma onda desabar na praia; precisamos ouvir o esguichar de cada gota dentro da onda, de certa maneira, mas os sons se confundem todos num único estampido, de forma que não podemos perceber os componentes do som com um mínimo de clareza. De forma similar, percebemos todo o universo a partir de nossos pontos de vista ("embora confusamente", como diz Leibniz), com todo evento no universo se fundindo na soma de nossas experiências num certo instante.

Os organismos no mundo físico

Temos nos inclinado fortemente a fazer uma distinção entre os níveis básico e superior da metafísica de Leibniz. Quando nós examinamos de perto o relato de Leibniz dos organismos físicos, os dois níveis se aproximam.

Leibniz reconheceu que as mônadas são como as mentes cartesianas ou almas, mas ele também considerou que nem todas as mônadas são idênticas em suas perfeições. Deus, por exemplo, é uma mônada atípica, com percepções perfeitamente claras de tudo que está ocorrendo no universo. Deus é também a única mônada com poder para criar ou aniquilar outra mônada. As mentes humanas são mônadas capazes de deliberar sobre os cursos de ação e contemplar as verdades metafísicas. As mentes dos animais são mônadas capazes de experimentar paixões básicas e formar memórias de experiências. No extremo mais baixo da escala podemos encontrar mônadas que são as menos capazes de representar o resto do universo, embora sem estar de maneira alguma consciente destas percepções. Todas estas mônadas são em graus variados parecidos com a mente. Nosso universo se vale de um mar infinito de almas.

Leibniz integrou esta conclusão metafísica ("as almas estão em todos os lugares") com sua visão da natureza das coisas físicas ("os organismos estão em todos os lugares"). Precisamos lembrar que Leibniz viveu numa era quando os microscópios crescentemente poderosos estavam sendo desenvolvidos, e pareceu que havia coisas vivas em todas as escalas, em cada gota d'água. Leibniz chegou à conclusão de que devemos considerar corpos em todas as escalas na natureza, a partir da maior até a menor. Mesmo quando nós pensamos que temos algo inorgânico, como um tijolo, Leibniz supõe que numa observação mais próxima podemos descobrir que de fato ele é composto de coisas vivas ainda menores, e assim por diante infinitamente. Leibniz escreveu:

> Cada porção de matéria pode ser concebida como um jardim cheio de plantas, e como um tanque cheio de peixes. Mas cada ramo da planta, cada membro de um animal, cada gota de seus líquidos, é ainda outro jardim ou tanque (M: § 67).

Seguindo os passos do grande microscopista do século XVII Anton van Leeuwenhoek, vamos chamar estes pequenos organismos vivos de "animálculo". Cada um destes animálculos tem uma alma, ou uma única mônada que dá unidade orgânica a ele. A *mônada dominante* (como Leibniz a denominou) é aquele que é mais claramente representado por todas as mônadas que dão origem ao corpo do animálculo. É a mônada "célebre" deles, por assim dizer: aquele que todos os outros estão observando de perto, e do qual eles pegam suas pistas. Assim sendo, Leibniz acredita (e isso, precavenha-se, torna-se um pouco atordoante) que absolutamente toda mônada é a mônada dominante de algum animálculo. Então é como se toda mônada tivesse uma alma, ligada ao seu próprio corpo físico, que por sua vez considera uma infinidade de mônadas, cada uma delas sendo uma alma ligada a um corpo físico diferente, *ad infinitum*. Cada região do espaço, por menor que seja, surge de uma infinidade de almas misturadas, presidindo sobre pequenos organismos vivos. Afirma-se que Van Leeuwenhoek disse que descobriu um zoológico em sua boca. "Sua boca é um universo de zoológicos", teria respondido Leibniz.

Corpos e mentes

Mas embora o mundo físico seja uma floresta fervilhando com animálculos, Leibniz recusou acreditar que as mentes pudessem ser explicadas por qualquer ramo da ciência física. Ele acreditava que toda ação física pudesse ser explicada mecanicamente – incluindo o levantar dos braços, expressões intrigantes, o coçar da cabeça, e até mesmo o proferir de longos discursos filosóficos. Mas a dimensão interior daquelas ações físicas – o pensamento genuíno, a perplexidade, a descoberta da crença, e assim por diante – é irredutivelmente mental, ele pensava, e não há maneira que a ciência da natureza possa dar conta disso.

Leibniz apoiou esta crença oferecendo uma experiência mental. Suponha que o sistema nervoso humano pudesse ser fortemente ampliado ao tamanho de um moinho, de forma que se pudesse entrar nele e olhar ao redor. Nós veríamos muitos mecanismos bioquímicos engenhosos, mas não veríamos nele nada que pudesse sugerir que algum pensamento estivesse ocorrendo, sem falar no conteúdo deste pensamento. O mundo mental é *inelutavelmente subjetivo*, o que significa dizer que não existe maneira de nos apossarmos dele e explicá-lo olhando na superfície do fenômeno, ou seja, no nível metafísico superior. As mentes existem no nível básico, onde as mônadas estão, e assim elas não podem ser explicadas pela complexa interação das matérias, mas noutro sentido há uma íntima conexão entre os dois. Leibniz acreditava que cada mônada está sempre relacionada a alguma matéria (ou seja, um conjunto de mônadas que dão origem a uma matéria). Quando um animálculo morre, a alma ou mônada dominante cessa de ser o "rei" daquele conjunto particular de mônadas; mas quando a matéria decai e se desintegra em legiões de animálculos menores, cada e toda mônada continua a ser o rei de algum conjunto de mônadas, ou a alma de alguma matéria. Leibniz recusou chamar isso de "transmigração" das almas – as almas não estalam em outros mundos, ou ficam ligadas a corpos maiores ou menores com base em suas vidas prévias –, mas ele chamou isso de certo tipo de transformação, na qual o que certa vez foi uma alma de um organismo naturalmente se tornou a alma de outro.

Isso bem que poderia ser um desapontamento, especialmente no caso dos seres humanos. Quando os seres humanos morrem, sua situação é como a situação das plantas e animais quando morrem: a mônada dominante torna-se associada a outras mônadas, e aquelas outras mônadas podem conspirar para produzir um corpo não menos glorioso do que uma larva ou uma bactéria. Isso torna a vida após a morte inglória – não fosse a garantia cristã, que Leibniz levou em conta seriamente, que nalgum tempo futuro nossos corpos serão ressuscitados, e nossas mentes serão outra vez seus reis, e quando então nós não morreremos outra vez.

Pontos-chave

- A harmonia universal de Leibniz resolve ao menos dois problemas filosóficos principais (o problema do corpo/mente e o problema da causalidade). As substâncias não interagem realmente: elas estão perfeitamente sincronizadas de tal maneira que parecem interagir.
- Cada corpo individual é gerado por um conjunto de mônadas, cada um deles refletindo mais clara e distintamente uma mônada em particular (a mônada dominante).
- Além disso, cada e toda mônada é a mônada dominante de algum corpo.
- O mundo físico é composto de uma infinidade de "animálculos" – organismos dentro dos organismos, infinito afora.
- As mônadas nunca morrem, mas ao longo do tempo elas acabam se associando a diferentes corpos.

A verdade com contenção, e conceitos completos

Uma vez que cada mônada é um mundo em si, sem conexão real a qualquer outra mônada criada, Leibniz tem que explicar exatamente o que torna verdade as afirmativas sobre o mundo dos fenômenos. Normalmente quando nós temos uma afirmativa do tipo "O jumento está no pátio", o que o torna verdadeiro é sua conexão com um conjunto de circunstâncias (neste caso, a presença de um jumento no jardim). Mas, naturalmente no nível básico da metafísica de Leibniz, não há jumentos ou jardins, somente conjuntos de mônadas que lhes dá origem. Assim como é que Leibniz dá conta da verdade? Talvez ele pudesse ter feito isso apelando ao que devesse estar ocorrendo nas mônadas a fim de fazer surgir o conjunto relevante de circunstâncias – então o que faz "O jumento está no pátio" verdadeiro é uma configuração muito complexa (na verdade, infinitamente complexa) de percepções monádicas, que, quando consideradas juntas, constituem o fato de há um jumento no jardim.

Mas ele tinha ao seu dispor uma rota mais elegante. Tudo que precisamos fazer é focar na mônada dominante do sujeito da afirmativa (neste caso, o jumento). Aquela mônada, como qualquer mônada, espelha o resto do universo. E portanto, para dar conta da verdade do "Jumento está no jardim", nós precisamos somente indicar que o predicado da afirmativa – *estar no pátio* – está presente na percepção da mônada dominante de sua própria situação. Se está presente, então a afirmativa é verdadeira; se não, é falsa. A maneira rápida de dizer isso é dizer que todas as verdades são analíticas, de acordo com Leibniz. Toda afirmativa verdadeira é verdadeira porque o predicado da afirmativa está *contido* dentro do sujeito. Nós podemos ver o que isso significa nos voltando aos tipos de afirmativas que a maioria dos filósofos pensaram que seja analítico. "Um triângulo tem três lados", por exemplo, é usualmente considerado como analítico, uma vez que ter três lados é simplesmente parte do que um triângulo é. É isso o que quer dizer o predicado está contido dentro do sujeito: tendo aquele predicado é parte do que é ser aquele sujeito. O predicado nas verdades analíticas não nos diz realmente nada novo, uma vez que, quando sabemos o que um triângulo é, qualquer um pode ver que qualquer triângulo tem três lados.

A maior parte dos filósofos reconhecem agora que ao menos *algumas* verdades são analíticas – aquelas que parecem automaticamente verdadeiras, ou verdadeiras por definição, tal como "O irmão de meu pai é meu tio". Leibniz, no entanto, faz a forte afirmação de que *todas* as verdades são analíticas. "O jumento está no meu pátio", se for verdadeira, é verdadeira da mesma forma que "Um triângulo tem três lados" é verdadeira. É verdadeira porque, quando revelamos o que realmente significa o jumento em pauta – com a maneira que a mônada associada com o jumento reflete o resto do universo –, precisamos rapidamente ver que ele está no pátio. Parte do que aquele jumento é depende dele estar no pátio, ao menos por parte de sua vida.

Leibniz foi capaz de fazer este pronunciamento radical porque ele investe tanto em toda e qualquer mônada. De fato, ele disse que está correlacionado a toda e qualquer mônada um *conceito completo* de uma entidade para a qual aquela mônada é a dominante, e incluído em tal conceito completo está tudo o que é, foi ou será verdade para aquela entidade. Então, voltando-nos a um dos próprios exemplos de Leibniz, o conceito completo de Julio César inclui onde ele nasceu, quem foram seus pais, todos os fatos de sua adolescência, suas campanhas militares, seu assassinato, e assim por diante. Se perguntássemos o que torna verdadeiro o fato de que César cruzou o Rio Rubicão em 49 a.C., tudo o que nós precisamos saber é que na longa lista de tudo contido dentro do conceito completo de Júlio César ("o homem que nasceu em 102 a.C., lutou as Guerras Gálicas [...], cruzou o Rubicão em 49 a.C. na direção da Itália [...], derrotou Pompeu, foi assassinado em 44 a.C.") há um indicador relevante que o torna verdadeiro; e assim cruzar o Rubicão é tão somente parte do que é ser Júlio César como é parte de um triângulo ter três lados.

Em um de seus ensaios, "Verdades necessárias e contingentes", Leibniz tenta mostrar como os aspectos fundamentais de sua metafísica (contenção, o isolamento das mônadas, a harmonia universal, a transformação dos organismos, entre outros) derivam todos da convicção de que todas as verdades são analíticas. É portanto um acessório central em sua metafísica.

Enigmas sobre a contingência

Mas se toda a verdade sobre todos os sujeitos for analiticamente verdadeira, da mesma forma que "Um triângulo tem três lados" é analiticamente verdadeiro, isso faz com que toda verdade seja tão necessária e inevitável como qualquer verdade geométrica? Ou seja, se tudo o que Júlio César faz é automaticamente verdadeiro sobre ele, faz sentido falar em alguma oportunidade na qual César estaria livre para fazer algo distinto? Esta é uma importante pergunta para

Leibniz; ele trabalhou tão duro para defender a necessidade quanto qualquer outra coisa em sua vida. Nós vimos como ele detestava a metafísica de Espinosa, assim como seu necessitarianismo e sua divindade impessoal. Ele teve que encontrar uma maneira para preservar a contingência (ou seja, a não necessidade de algumas coisas) enquanto mantinha a teoria da contenção da verdade, que era central a sua visão metafísica do mundo. O relato pleno da resposta de Leibniz nos levará a outra importante doutrina da metafísica de Leibniz, a doutrina dos mundos possíveis. Mas antes de entrar nisso podemos fazer alguma incursão nesta questão explorando a afirmativa de Leibniz de que a distinção entre as verdades necessárias e contingentes realmente se resumem à distinção entre o que é provável e o que não é.

Nós podemos começar a considerar os tipos de afirmativas que Leibniz teria considerado como necessariamente verdadeiras. Estas são as afirmativas da lógica (como no caso em que se A e B são verdadeiros, então A é verdadeiro), as afirmativas da aritmética (tal como no caso em que 2 + 3 = 5), as afirmativas da geometria (como no exemplo de nosso triângulo), as afirmativas da metafísica (tal como é o caso em que as matérias são simples) e também algumas verdades básicas sobre a física (tal como a afirmativa de que dois corpos não podem ocupar o mesmo espaço). Ninguém, nem mesmo Deus, pode disputar a verdade destas afirmativas; elas simplesmente têm que ser verdadeiras, dados os significados de seus termos, e a natureza da razão, quantidade, espaço e matéria. Não há duas maneiras de tratar isso. Mas outras afirmativas – tal como a que existe um jumento em nosso pátio, ou a de que o pai de Leibniz faleceu quando ele tinha seis anos de idade – não parecem ser como se fossem necessariamente verdadeiras. O universo tem algumas escolhas sobre eles, ao que parece; as coisas poderiam ter sido diferentes. Estas afirmativas são contingentes, não necessárias.

Assim sendo, o que dá conta para a diferença entre a verdade necessária e contingente? A teoria da contenção da verdade de Leibniz não ajuda muito, já que todas as afirmativas verdadeiras são verdadeiras em virtude de seus predicados serem incluídos em seus sujeitos. Mas Leibniz disse que nós podemos gerar a mesma diferença perguntando se as verdades podem ser provadas num número finito de passos: todas as verdades necessárias podem ser provadas assim, diz Leibniz, e as contingentes não podem. Se nós pegamos como nosso exemplo "2 + 3 = 5", podemos tentar provar da seguinte maneira:

1) $2 =_{df} 1 + 1$

2) $3 =_{df} 1 + 1 + 1$

3) $5 =_{df} 1 + 1 + 1 + 1 + 1$

4) Então (desde 1 e 2), 2 + 3 = 1 + 1 + 1 + 1 + 1

5) Deriva daí (desde 3 e 4) que 2 + 3 = 5.

Esta é a ideia, de qualquer forma: que uma verdade necessária pode ser provada decisivamente numa série finita de passos numerados, onde cada passo é uma definição ou algo que resulta da substituição de iguais por iguais. Mas nós não podemos fazer isso quando se trata de verdades contingentes, como é o caso de "O jumento está no jardim". Suponha a seguinte tentativa:

1) Jumento $=_{df}$ mamífero ungulado, herbívoro com enormes orelhas

2) Pátio $=_{df}$ lote de terreno para cultivar fruta, flores ou vegetais

3) ...?

Ficamos emperrados no passo 3 porque não há nada nas definições de "jumento" e "pátio" para sugerir qualquer cadeia de substituições que resultará na conclusão de que algum jumento em particular esteja no pátio. O conceito de um jumento em particular (como oposto ao conceito de jumentos em geral) é infinitamente complexo, uma vez que inclui nele relações com todo o resto em seu universo.

É por causa da infinita complexidade que as verdades contingentes não podem ser provadas na mesma maneira resoluta que as verdades necessárias podem ser provadas. De fato, no fim, a única maneira de provar que uma verdade particular contingente é verdadeira é provando que é uma verdade num mundo que, quando comparado a todos os outros mundos possíveis, revela-se ser o melhor. (Vamos examinar este argumento em breve.)

Portanto, Leibniz propôs converter uma distinção (necessário *versus* contingente) noutra (provável *versus* não provável). Mas mesmo se as duas distinções se alinharem perfeitamente – e quem pode nos dizer se isso acontece? –, ainda não fica claro o que Leibniz pensou ter feito. Por que importaria se uma declaração verdadeira pode ser provada de forma decisiva se ainda assim é verdadeiro que seu sujeito contém seu predicado? Por que deveria a improbabilidade de uma declaração torná-la contingente? Não fica perfeitamente claro como Leibniz responderia a estas perguntas, mas nós sabemos que sua resposta teria algo a ver com sua crença de que as verdades contingentes dependem de sua verdade na escolha de Deus para tornar real este mundo em oposição a qualquer outro mundo possível. Nos voltamos agora à doutrina de mundos possíveis de Leibniz.

Mundos possíveis

Por um momento (e sem deixar que isso suba a sua cabeça) coloque-se na situação de Deus antes da criação do mundo. Você está inclinado a criar algo? Mas o que você criaria? Você tem muitas opções, desde a criação de um único lépton até a criação de galáxias cheias de corais de anjos, e assim por diante infinitamente. Há um leque infinito de universos possíveis que você pode criar. Mas você é um ser infinitamente poderoso, infinitamente sábio e perfeitamente benevolente, e compreende que, para cada e toda coisa possível, aquela coisa preferiria existir a não existir; num *slogan*, "todas as coisas lutam pela existência". De forma que você se inclina a criar um mundo máximo – um mundo que reúne tantas coisas diferentes quanto possam ser reunidas nele coisas que não se contradigam (já que você é uma divindade racional). Além do mais, você deseja que este mundo mostre o maior dos esplendores – a variedade entre as coisas distintas no mundo precisa ser tão majestosa quanto possível. E você quer que este esplendor seja apresentado com a maior harmonia e continuidade possível: o mundo deve ser uma peça de arte estética, com um conjunto de leis unindo a diversidade do mundo, e com uma pletora de criaturas intermediárias preenchendo os vazios entre as principais espécies. Você é também uma divindade justa, e por consequência você gostaria que sua criação exibisse justiça sem exceções. Nenhuma realização boa ficaria sem ser agraciada, e feito malévolo algum ficaria sem punição. Em suma, você está inclinado a criar o melhor de todos os mundos, onde "melhor" é medido em *toda* dimensão possível: plenitude, grandeza, esplendor, beleza, harmonia, coesão e justiça. Somente tal criação justificaria sua natureza perfeita.

É este tipo de mundo que Leibniz acreditava que Deus tinha criado. De fato, uma vez que se concorde de que um Deus criou o mundo, e que Deus tem todas aquelas maravilhosas propriedades como onipotência e onisciência, que outro mundo poderia Deus criar? O mundo real – o nosso mundo – precisa ser o melhor dos mundos possíveis, uma vez que Deus o criou, e precisa exibir todas aquelas propriedades a que nos referimos. Esta "ciência" de todos os atributos que estão incluídos na criação do melhor dos mundos possíveis é o que Leibniz chama de teodiceia. Desta teodiceia podemos aprender muitos atributos do nosso mundo, pensava Leibniz. Nós sabemos que haverá justiça, cedo ou tarde, e que a inclinação geral do mundo está em favor da bondade e do prazer. Sabemos que na natureza não devemos encontrar saltos repentinos entre as espécies ou entre os eventos; a natureza se move em gradações infinitas a partir de uma coisa a outra, permitindo que tudo exista ao longo do caminho. E nós sabemos que o mundo será governado por um único conjunto de leis harmônicas, como o trabalho de Deus que precisa ser um artefato belo e elegante.

Leibniz acreditava que outros mundos possíveis existem como sendo ideias dentro da compreensão de Deus. São projetos para mundos que Ele poderia ter criado. Muitos destes mundos são mundos em que Júlio César não cruzou o Rubicão – uma vez que ele permaneceu fora da Itália, ou que nunca tenha nascido, ou morrido como uma criança, ou seja lá o que for. Deus *poderia* ter criado qualquer um destes mundos. Mas Deus estava "infalivelmente inclinado" a criar o melhor mundo possível, e é isso o que existe. E assim, diz Leibniz, é verdade que César poderia ter evitado cruzar o Rubicão, o que significa dizer: Deus poderia ter criado um mundo em que alguém muito parecido com nosso César não cruzou o Rubicão.

Isso, ao menos, pode fornecer a ligação entre a contingência e a improbabilidade. Toda verdade contingente é aquela que é verdadeira em alguns, mas não em todos os mundos possíveis. (As verdades necessárias são verdades em todos os mundos possíveis, uma vez que não é possível que eles sejam falsos.) A fim de oferecer uma prova nítida e lógica para a verdade contingente, uma pessoa teria que demonstrar que a verdade é parte e parcela do melhor dos mundos possíveis.

Talvez o pensamento de Leibniz seja aquele no qual esta demonstração requereria um número infinito de passos, uma vez que ele requereria que mostrássemos que o mundo real é melhor do que o melhor mundo possível número 2, e melhor do que o melhor mundo possível número 3, e melhor do que...

Pontos-chave

- Para cada substância há um conceito completo daquela matéria, um conceito que inclui toda a verdade sobre a matéria.
- Isso torna cada verdade analítica, significando que qualquer coisa verdadeiramente dita de um sujeito faz parte do conceito daquele sujeito.
- Algumas verdades são necessárias (precisam ser) e algumas são contingentes (poderiam ser diferentes). Uma maneira de capturar esta diferença, de acordo com Leibniz, é ver se a verdade pode ser provada num número finito de passos. Se pode, a verdade é necessária; se não, é contingente.
- Há uma infinidade de outros mundos possíveis que Deus poderia ter criado. Deus estava infalivelmente inclinado (embora não necessitado) de criar o melhor deles, que é este mundo.

Deus

Neste ponto gostaríamos de recuar e perguntar algumas questões básicas. Como é que Leibniz sabe que existe um Deus, e que Deus criou o mundo? O argumento "oficial" de Leibniz para a existência de Deus é o argumento ontológico, que visa mostrar que Deus, por sua natureza, precisa existir. Deus é entendido ser o ente que é absolutamente perfeito – ou seja, o ente com todas as "perfeições", onde as perfeições são entendidas como sendo puras e simples qualidades positivas. Uma destas perfeições é a própria existência: existência é o poder que algumas coisas possíveis (como as renas) possuem, e as outras coisas possíveis (como unicórnios) faltam. Deus, como o ser com todas as perfeições, precisa ter. Portanto, Deus necessariamente existe.

Este argumento ontológico foi oferecido em várias formas por filósofos antes de Leibniz (tal como Anselmo, Descartes e Espinosa), embora Leibniz parece ter sido o primeiro a reconhecer que junto com esta prova uma pessoa precisa também mostrar que Deus é um ser genuinamente possível – ou seja, que é possível para um único ser possuir todas as perfeições (elas não se contradizem). Leibniz tenta provar por esta argumentação que cada perfeição é pura e simples – ela não pode ser analisada em seus componentes. Se isso é verdade, então parece que contradição alguma possa ser derivada ao se apresentar a existência de duas perfeições: não haveria em cada perfeição "algo" suficiente para contradizer ou rejeitar a apresentação da outra perfeição.

Um argumento mais interessante e original para a existência de Deus pode ser encontrado dentro da *Monadologia* de Leibniz. Lá Leibniz argumenta que, se existem essências – conceitos puros passíveis de descoberta através da lógica, matemática e metafísica, que expressam coisas possíveis ou verdades –, então precisa haver um ser que estabelece aquelas essenciais. Precisa haver um ser no qual estas essências existem, e este ser é Deus.

> Isso ocorre porque a compreensão de Deus é a esfera das verdades eternas ou das ideias nas quais elas dependem; sem Ele não haveria nada real nas possibilidades, e não só nada existiria, como também nada seria possível (M: § 67).

A observação de Leibniz é que nós precisamos explicar a existência das essências se nós quisermos falar ou pensar de forma válida sobre o que poderia ser verdadeiro, e o que *não poderia* ser verdadeiro. Os maiores exemplos de nosso conhecimento conceitual são encontrados na matemática e na lógica, e estas ciências são puramente conceituais por natureza, e regrados com base na certeza sobre o que é possível e o que não é. Assim as verdades da matemática e da lógica não estão baseadas em coisas materiais como a pedra e o sarrafo; elas estão baseadas em conceitos puros. O que torna estes conceitos reais? A resposta de Leibniz é que sua realidade deve se dever a um ser cuja existência é necessária, e cujos recursos permitem a expressão de toda coisa possível: Deus. Assim Deus é o fiador de nosso conhecimento conceitual.

Este argumento toca no cerne do que qualquer racionalista quer de Deus. Deus serve como a matéria que subscreve as descobertas intelectuais dos racionalistas. Platão postulou uma forma final, a forma do bem, que de alguma maneira acabou sendo emprestada a todas as outras formas e assegurou a validade de seu próprio raciocínio dialético. Descartes, Espinosa e Leibniz procuraram o mesmo de seus respectivos deuses.

Uma vez que tenhamos sido assegurados da existência de um ser com todas as perfeições que estabelece a possibilidade de todas as coisas possíveis, é um curto passo para se assegurar que este ser é o responsável pela realidade de nosso mundo. Se nós sabemos que Deus existe, e nós sabemos que Deus é o ser em virtude de quem todas as coisas são possíveis, então nós sabemos que a existência de todas as coisas reais dependem em última instância da existência de Deus.

Pontos-chave

- De acordo com Leibniz, nosso mundo físico é aparente, gerado pela palavra de mônadas simples e imateriais, perfeitamente coordenadas em suas percepções.
- Estas mônadas são almas, que acabam associadas com diferentes corpos aparentes ao longo do tempo.
- Deus escolheu tornar real esta coleção de mônadas, entre uma infinidade de outras possíveis, porque elas dão origem ao melhor dos mundos possíveis.
- Deus existe necessariamente, e a mente de Deus é o fundamento para todos os outros conceitos.

6

A justiça e a liberdade de Leibniz

A ética da criação

Como vimos no capítulo 5, Leibniz acredita que Deus estabelece a possibilidade de todas as coisas, e é responsável em tornar nosso mundo de um mundo meramente possível num mundo real. De todos os mundos possíveis, Deus escolheu este para ser o real. Por que este? A resposta de Leibniz, naturalmente, é que este é o melhor dos mundos possíveis: ele oferece a mais ampla diversidade de fenômenos, o mais simples e mais elegante conjunto de leis naturais, justiça completa e perfeição moral consumada. Isso não nos parece assim, naturalmente dada nossa limitada e fragmentada experiência. Mas Leibniz diria, se nós pudéssemos pesquisar toda a extensão do nosso mundo, incluindo o que ocorre no após morte, nós veríamos que um mundo melhor não é possível. Isso oferece um amplo alvo para o ridículo. De fato, o filósofo francês Voltaire (1684-1778) devota toda sua novela, *Cândido*, para ridicularizar isso. Voltaire nos apresenta o Dr. Pangloss, um filósofo tonto que chega ao absurdo de tentar mostrar o propósito divino em toda desprezível atrocidade. Tremores de terra, estupro, assassinato, tortura e doença – Pangloss tenta argumentar que todos estes horrores precisam estar presentes para que o mundo seja tão "maravilhoso" quanto ele é. O resultado final é repugnante: Pois como pode alguém testemunhar a morte de uma criança e orgulhosamente afirmar que tudo isso é para o melhor? Ao mesmo tempo, no entanto, precisa ser lembrado que o próprio Leibniz viveu no meio de uma das mais sangrentas guerras da Europa. Ele conhecia bem a extensão da atrocidade humana. Em decorrência ele tirou sua conclusão baseado em sua convicção indestrutível que Deus precisa existir, e que Deus não poderia criar possivelmente qualquer coisa menos do que a melhor. Leibniz certamente não teria oferecido as justificativas banais de Pangloss; mas ele teria ficado ao lado das vítimas e aconselhado: "Isso pode ser impensável a você agora, mas eu lhe prometo que surgirá um dia quando você será capaz de ver o amor de Deus mesmo nisso". Um otimismo extraordinário, certamente. Mas, ao mesmo tempo, pode ser a única maneira de reconciliar a profunda tragédia com a fé num Deus beneficente.

Leibniz raramente argumentou sobre o que nós consideramos ser as conclusões sobre Deus. É verdade que o mundo natural o encheu de admiração e espanto, e ele viu muitas evidências confirmando sua conclusão de que Deus criou o mundo. Mas sua certeza da existência de Deus e beneficência era justificada por argumentos *a priori* – ou seja, argumentos baseados nos recursos da razão somente. Dito isso, numa instância ele permitiu sua experiência lhe dizer algo sobre Deus. A experiência de Leibniz lhe ensinou que as demandas da justiça são raramente cumpridas neste mundo: vemos o culpado sair impune, e o justo não ser recompensado. Disso ele concluiu que deve haver vida após a morte, uma vida na qual a justiça é feita. Pois Leibniz entendeu que as demandas da justiça serão tão invioláveis como quaisquer leis metafísicas. Mesmo Deus, ele disse, está sujeito a elas.

Perfeccionismo metafísico

Para fazer sentido do relato sobre a justiça de Leibniz nós precisamos primeiro entender a noção da perfeição metafísica. Embora eles raramente tornem isso explícito, todos os racionalistas do século XVII tinham esta noção e a colocaram em uso em seus sistemas metafísicos. (Um aspecto do perfeccionismo metafísico tem sido discutido na introdução deste volume, como a tese das "gradações da realidade".) Dito de uma forma simples, a noção é que as coisas surgem em graus variados de "perfeição" ou "realidade". "Perfeição" aqui deveria ser entendido como um sinônimo de "exatidão" ou "plenitude". Perfeição ou plenitude do quê? Do *ser*. Deus, como se poderia imaginar, é a mais real e a mais perfeita coisa. Uma coisa finita tal como o ser humano tem menos realidade ou perfeição. Uma mera qualidade (tal como *ser redondo*) tem ainda menos. E *nada*, naturalmente, não tem qualquer perfeição ou realidade.

Esta é uma noção curiosa, ficando ainda mais curiosa para nós pelo fato de que nós não a partilhamos. Nós pensamos de uma entidade como real ou não. E nós pensamos de uma entidade como sendo perfeita em algum aspecto (como, p. ex., ser perfeitamente redondo etc.) ou não. É intrigante conceber a realidade ou a perfeição como variando em graus. Seria bom ter uma melhor compreensão desta teoria, mas nenhum dos racionalistas oferece uma explicação cuidadosa dela; eles todos parecem apoiar-se nela ou considerá-la como relativamente óbvia. Mas do que eles dizem, e alguma especulação, nós podemos oferecer duas observações que lançam alguma luz sobre a ideia.

Primeira, realidade/perfeição parece se correlacionar a autossuficiência ontológica – ou, em outras palavras, existência independente. Deus é totalmente autossuficiente, não requerendo outra coisa qualquer para existir. Uma matéria finita, no entanto, não é totalmente autossuficiente, uma vez que ela necessita a cooperação a fim de existir. Mas uma matéria finita tem mais independência do que mera qualidade, uma vez que uma mera qualidade necessita não somente da cooperação de Deus, mas também a algo para pertencer. Então, basicamente, quanto maior a perfeição/realidade da coisa, menor a dependência da coisa em outras entidades para sua existência.

Segunda – e, para nossos propósitos aqui, mais importante –, todas as coisas existentes consistem de graus variados de ingredientes que podemos dizer pertencem a uma "tabela periódica de perfeições". A analogia com a tabela periódica dos elementos visa sugerir que, de acordo com o perfeccionismo metafísico, todas as entidades são constituídas por várias perfeições em graus variados. Assim, por exemplo, vamos supor que o poder, o conhecimento e a liberdade sejam todas perfeições. Um ser humano é constituído por um certo grau de poder, um certo grau de conhecimento e (talvez) um certo grau de liberdade. Um bicho-preguiça também tem estas perfeições, mas em graus bem menores. Deus, no limite superior, é o ser constituído por todas as perfeições, cada uma num grau ilimitado. Neste sentido é que nós podemos pensar de coisas finitas como sendo aproximações de Deus – elas partilham as perfeições de Deus, mas ao contrário de Deus elas têm somente graus limitados destas perfeições.

(O que vale para uma perfeição? Outra vez, ninguém ofereceu uma lista compreensiva, mas nós podemos especular que uma propriedade é uma perfeição se é *qualitativa*, não quantitativa; uma *proficiência*, não uma deficiência; e se ela pode ser *possuída em sua integralidade*. O conhecimento, por exemplo, é uma qualidade da mente; e é uma qualidade positiva, não uma deficiência; e parece que um ente poderia possuir todo o conhecimento se o ente fosse onisciente. O tamanho físico, por contraste, é quantitativo por natureza, e não há um tamanho maior que algo possa ter, então tamanho não seja uma perfeição. Esta descrição não é de forma alguma completa, e deixa muitas perguntas sem serem respondidas – o poder é realmente qualitativo em oposição a quantitativo? Por que a circularidade não conta como perfeição? – e sim ela reflete quão pouco os racionalistas têm a dizer sobre as perfeições.)

Portanto, de acordo com o perfeccionismo metafísico, nós podemos colocar todos os seres em algum lugar na escala da perfeição, ou uma "cadeia de seres", com Deus no topo e o *nada* no nível mais baixo. Descendo de Deus nós encontramos talvez anjos, e então os humanos, e depois os animais não racionais, e as plantas, e os objetos inanimados. Eles partilham em vários graus as perfeições que Deus possui em sua integralidade; criaturas são "divinas" em graus variados. A *imperfeição*, nesta visão, não é uma propriedade real que algo possui, mas a falta de algo real, a *falta* de uma perfeição. E é crucial à teoria moral de Leibniz que exista uma verdade objetiva sobre o grau de perfeição de algo. A verdade sobre se uma coisa é mais perfeita do que outra não é relativa a uma pessoa, tempo ou cultura. O grau de perfeição de algo é um fato real sobre aquela coisa, que nós podemos descobrir através de nosso juízo.

A caridade do sábio

Leibniz acredita que um ser deve amar algo na proporção da perfeição metafísica daquela coisa – ou seja, de acordo com a posição de algo na grande cadeia dos seres. Naturalmente, a fim de discernir com precisão a perfeição de algo, precisa-se ter uma espécie de bom-senso. E assim, para Leibniz, a moralidade se resume ao amor que uma pessoa sábia poderia dar às coisas. Esta é a compreensão de justiça de Leibniz: justiça é a caridade (ou "amor") do sábio.

Agora qual é a força do "deve" aqui? Por que nós *deveríamos* amar as coisas em proporção a sua perfeição. O "deve" de Leibniz parece estar baseado em duas considerações. Primeira, Leibniz pensa que, simplesmente como uma questão de fato, nós *temos* grande prazer na percepção das perfeições, e assim nós automaticamente amamos as coisas à medida que nós reconhecemos as perfeições nelas. Este é simplesmente um fato psicológico sobre os seres com intelectos. Como mero fato psicológico, ele realmente não nos dá razão para pensar que nós *devemos* amar as coisas perfeitas; pois nós todos sabemos que este fato sobre nós pode ser totalmente irrelevante sobre o que nós devemos fazer. Mas este fato psicológico tem um papel central na próxima consideração.

A segunda consideração é que o "deve" é motivado por um tipo de preocupação egoísta por prazer. Se nós estamos interessados em desfrutar do mais profundo e mais poderoso prazer – e Leibniz diria que isso certamente nos interessa –, então nós deveríamos procurar as coisas com os maiores graus de perfeição e desfrutar delas e amá-las de acordo. "Amor", escreve Leibniz, "é o estado mental que nos faz desfrutar do prazer das perfeições do objeto de nosso amor" (PW: 83). Agora Leibniz admitiria que os prazeres podem ser enganosos. Nós com frequência não percebemos as coisas adequadamente, e às vezes sentimos prazer em algo que mais tarde nos traz uma grande dose de sofrimento, ou nos dá uma sensação de algum grau de imperfeição. Por esta razão ele diz que nós devemos ser prudentes dos prazeres dos sentidos, considerando-os como "inimigos lisonjeiros", uma vez que eles tão frequentemente contêm dentro de si as sementes de imperfeições maiores. Mas através do uso de nossa razão nós podemos nos tornar melhores ao distinguir os prazeres saudáveis dos destrutivos, e ao fazermos isso nós crescemos em sensatez. Nisso, Leibniz concorda tanto com Descartes e Espinosa: a razão nos permite distinguir os verdadeiros prazeres e alegrias daqueles que possuem somente uma embalagem atraente.

Nós desfrutamos ao sentir a perfeição em nós, assim como quando nós ganhamos conhecimento, poder ou sabedoria. E nós também temos prazer da mesma maneira quando vemos a perfeição em outros seres, e quando nós contemplamos Deus ou testemunhamos o progresso de outro em alguma perfeição. Então, enquanto Leibniz pensa que nossa obrigação em amar as outras coisas está baseada num desejo egoísta para nosso próprio prazer, ao mesmo tempo ele considera que nós ganhamos prazer na perfeição dos outros, mesmo se aquela perfeição não nos beneficia diretamente em alguma maneira. Quando eu testemunho outra pessoa exercitando seu juízo tomando uma decisão, por exemplo, eu tenho prazer em ver isso, mesmo quando a decisão não me diz respeito. Então nós temos um prazer genuíno no nível da perfeição dos outros, e esta é a base para nosso amor por eles. E nós descobrimos o maior dos prazeres na contemplação da perfeição de Deus, e não em decorrência de qualquer expectativa do que Deus possa fazer por nós. Nós simplesmente estamos emocionados em ver a plenitude e a perfeição, estando isso em nós ou noutros.

Então a tarefa moral central que nós enfrentamos é ganhar uma compreensão apropriada da perfeição relativa das coisas, e amá-las na proporção de sua perfeição. Isso se estende a coisas, como quando nós preferimos um trabalho de arte melhor em vez de um de qualidade inferior. Isso se estende a pessoas, como quando nós premiamos alguém por uma decisão adequada ou punimos alguém por ser um tolo. E isso se estende também a ações, quando nós vemos que um curso de ação poderia ser mais adequado do que um alternativo. Leibniz escreve:

> Justiça é caridade ou um hábito de amar que se adéqua à sensatez. Então, quando uma pessoa está inclinada à justiça, ela tenta granjear o bem para todos, na medida do possível, de forma razoável, mas na proporção das necessidades e méritos de cada uma: e mesmo se alguém é às vezes obrigado a punir pessoas malévolas, sendo isso para o bem geral (PW: 83).

Em suma, em todos os nossos julgamentos devemos nos inclinar para o que é superior e melhor, assim como Deus faz ao criar o nosso mundo. Como Deus, nós procuramos criar o melhor dos mundos possíveis, na medida de nossas possibilidades.

Imitando Deus

Nós sabemos que Deus, como o ser mais perfeito, é perfeito em sabedoria e em amor; assim nós sabemos que Deus é perfeitamente justo. Nós também sabemos que Deus selecionou este mundo para a criação porque é o mais perfeito de todos os mundos possíveis, e assim Deus precisa amar este mundo mais do que qualquer outro possível. Armado com este conhecimento, nós podemos olhar o mundo para tentar ganhar uma melhor compreensão da perfeição. Isso significa dizer, nós podemos tentar ver a sabedoria divina em nosso mundo. Este é um assunto complicado, certamente, de forma que não devemos cair no otimismo raso do Dr. Pangloss. Mas ao tentar aprofundar nossa compreensão do mundo, enquanto ao mesmo tempo prestar atenção ao prazer de aprender através daquela compreensão, podemos crescer em sabedoria.

Assim, por exemplo, Leibniz diria que, se nós examinamos o mundo natural, deveríamos descobrir que a natureza não faz nada em "saltos": há uma continuidade gradual entre as coisas naturais, e entre duas espécies nós encontraremos outra. Disso, e do fato que Deus preferiu este mundo a outros, podemos aprender que a continuidade é a perfeição. Talvez isso então influenciaria a nossa arte, política ou filosofia de alguma maneira, à medida que nós tentamos fazer nossas produções perfeitas na mesma maneira que Deus fez esta produção perfeita. Ser um estudante da natureza é como ser um estudante de Rembrandt ou Haydn; nós aprendemos destes mestres ao menos em parte estudando as perfeições de seus trabalhos.

À medida que crescemos em sabedoria nós nos tornamos mais capazes de escolher cursos de ações que contribuem na direção deste ser o melhor dos mundos possíveis. Desta maneira nós apoiamos Deus na criação no sentido que nós ajudamos o mundo a se tornar tão perfeito como ele é como um produto finalizado na mente de Deus. "A própria lei da justiça", diz Leibniz,

> deseja que cada um de nós participe na perfeição do universo e na sua própria alegria, proporcional a sua própria virtude e a boa vontade que ele tem com vistas ao bem comum, através do qual aquilo que chamamos de caridade e

> amor de Deus é satisfeito, no qual somente, de acordo ao julgamento do mais sábio dos teólogos, a força e o poder da própria religião cristã consiste (UOT: 154).

Como alguém poderia dizer – embora isso soe tão açucarado que uma pessoa hesita dizer isso –, nós somos "os pequenos ajudantes de Deus", como os elfos de Papai Noel, que trabalham de acordo com o plano de Deus para tornar este no melhor dos mundos possíveis. (Com um pouco menos de açúcar, nós poderíamos nos chamar de "tenentes de Deus".) Assim como alguns dos cristãos de hoje perguntam o que Jesus faria, Leibniz sugere que nós perguntemos o que Deus nos pede para fazer. E isso é: fazer o melhor, entre todas as várias possibilidades que estão disponíveis. Agora é possível que se possa reclamar que isso não nos dá muita orientação, pois como podemos saber com certeza o que produzirá a maior perfeição? Leibniz provavelmente responderia à objeção, dizendo que agir com justiça é tão difícil como valioso. Mas ele pensava que uma agenda moral mais específica poderia ser elaborada desde a perspectiva que ele oferecia:

> Agora uma boa vontade ou uma intenção correta consiste [...] no amor de Deus e o de seu próximo. Por esta razão não devemos negligenciar nada que sirva à honra de Deus [...]. [Uma pessoa precisa] especialmente amar a justiça, ser exigente consigo e indulgente com os outros [...] [e] sempre ser cuidadoso do bem geral. [É essencial] [...] não falar mal de ninguém [...] ser solícito a todos [...] e sofrer pequenos infortúnios mais cedo do que deixar outro sofrer um infortúnio maior, não fazer nada que alguém não gostaria ele próprio de suportar com satisfação. Dar esmolas sem ostentação; ser piedoso com os sofredores e infelizes, e praticar as obras de caridade (PW: 107).

Em suma, Leibniz advogava aquelas coisas que devem ser reconhecidas como as virtudes "cristãs" (embora naturalmente elas sejam defendidas por muitas outras religiões igualmente). Ele acreditava que através da razão e da sabedoria nós podemos – ao menos em princípio – fazer o que é correto. Mas os seres humanos com frequência negligenciam sua sabedoria e razão, e é por causa disso que Deus ensinou alguns preceitos de moralidade através de Moisés, os profetas e Jesus Cristo.

Leibniz seria o primeiro a admitir que, embora nós tenhamos tudo o que precisamos para sermos justos, na verdade nós falhamos. Há imperfeições no mundo. Isso é em parte uma consequência inevitável do mundo sendo povoado por criaturas, nenhuma das quais é tão perfeita como Deus. Haverá limitações e parcialidades que resultam em ignorância, dor e morte. A imperfeição do mundo acontece também devido em parte a estarmos indispostos para aperfeiçoar nossa sabedoria tanto quanto deveríamos, e agir consequentemente como tolos. Nosso mundo pode ser o melhor dos mundos possíveis, mas isso não significa que não haverá instâncias de malevolência, imperfeição e sofrimento. Sobre qualquer instância particular de maldade, tudo o que nós podemos dizer é que

> uma vez que Deus considerou bom que [esta instância deveria ocorrer] apesar do pecado que Deus antecipou, esta maldade deveria ser compensada com o interesse no universo e que Deus tiraria um bem maior dele e que ficaria claro que esta sequência de eventos incluindo a existência deste [mal] é o mais perfeito entre todas as coisas possíveis (DM: § 30).

Assim, de acordo com Leibniz, este se revelaria o melhor dos mundos possíveis, e cada um de nós certamente representaria seu papel ajudando este mundo a se tornar o melhor. Alguns de nós faria isso através de atos de caridade; outros fariam isso através de pecados, o que permitiria a Deus a oportunidade de mostrar uma justiça estrita e perfeita.

Pontos-chave

- Todas as coisas são metafisicamente perfeitas em graus variados. A tarefa moral central, de acordo com Leibniz, é amar cada coisa na proporção de sua perfeição. Fazer isso constitui a justiça.
- Podemos aprender lições valiosas da natureza sobre a perfeição metafísica, uma vez que o que nós encontramos na natureza foi selecionado por Deus como a melhor entre todas as alternativas.
- Deus criou o melhor dos mundos entre todos os mundos possíveis. De forma similar, nós deveríamos imitar a Deus ao escolher a melhor ação entre todas as possíveis ações. Ao fazer isso nós ajudamos este mundo a se tornar o melhor dos mundos possíveis.

Culpa

Mas uma pessoa pode agora protestar que este mundo, como Leibniz o descreve, não é justo desde a perspectiva das criaturas que nele vivem. A seleção do nosso mundo por Deus está baseada em sua perfeição total, e o triunfo geral da bondade sobre a maldade. Os indivíduos contribuem a esta qualidade geral, mas às vezes suas contribuições são bem desconfortáveis. Judas, por exemplo, que traiu Jesus, sofre eternamente de seu pecado. Leibniz nos assegura que esta propriedade de alguma maneira é exigida a fim de que o mundo seja o melhor possível – mas isso é uma pequena consolação a Judas! Ele paga eternamente por desempenhar este papel no grande esquema das coisas sobre o qual ele parece não ter escolha ou controle. Onde está a justiça nisso?

Leibniz insistiria que Judas *tinha* escolha ou controle sobre suas ações. Ninguém o forçou a trair ou lhe ofereceu um acordo que lhe fosse impossível recusar. Sua decisão foi feita com base em suas próprias crenças, julgamentos e inclinações. Neste sentido foi *espontâneo* – surgiu de sua própria vontade. Além do mais, o ato foi *inteligente* no sentido de que ele deliberou sobre ele, considerou as razões e tomou sua decisão. E seu ato foi de fato *contingente* no sentido de que havia certamente outras possibilidades que lhe estavam disponíveis. Espontaneidade, inteligência e contingência: estas são as marcas de uma decisão livre, de acordo com Leibniz.

Ainda neste ponto nós devemos recordar o amplo alcance do determinismo de Leibniz. Ele acreditava que cada evento no universo é determinado por eventos antecedentes às leis da natureza – e isso vale para eventos psicológicos assim como para os físicos. Assim Judas abriu mão de suas crenças particulares, julgamentos e inclinações devido a uma natureza dada e as experiências que ele enfrentou. E embora ele tenha deliberado sobre sua ação, sua decisão foi em certo sentido uma conclusão previamente determinada, dadas as pressões psicológicas às quais ele estava submetido. Assim ficou difícil ver que outras possibilidades lhe estavam realmente disponíveis. Ele não poderia ter feito outra coisa – a menos que fosse uma pessoa diferente, ou tivesse tido experiências fundamentalmente diferentes. Por que então ele deveria ser considerado culpado pelo que fez?

Há dois tipos de respostas que Leibniz poderia dar a esta linha de objeção. Primeiro, ele poderia afirmar que é errado pensar Judas como uma vítima sofrendo de sua própria natureza e de suas experiências, como se estas coisas fossem estranhas a ele. E, sim, num sentido importante Judas *é* aquela natureza dada, combinada com aquelas experiências: estas coisas são o que o torna Judas. Se ele fosse tentar afirmar: "Não me culpe pelo que fiz; culpe a maneira como fui feito, e na maneira com que o mundo me formatou", então ele estaria nos dizendo para culpá-lo de qualquer maneira, uma vez que ele não é nada sem estas coisas. Em outras coisas, como Leibniz escreveu: "Por que é que aquele homem cometerá com certeza este pecado? A resposta é fácil: caso contrário ele não seria aquele homem" (DM: § 30). Ele seria um homem diferente, com uma história diferente e uma estrutura psicológica. Se ele fosse reclamar que ele é o que é, estaria reclamando que ele existe. E se ele fosse fazer esta reclamação, Deus poderia responder em sua própria defesa que a existência de Judas – exatamente como ela realmente é – é um componente necessário do melhor dos mundos possíveis.

Esta visão filosófica é conhecida como *compatibilismo*. Esta visão diz que a liberdade significa algo distinto do que "poderia ter feito diferente". Em vez disso, a liberdade significa autonomia, ou ser responsável por si pelas decisões que você faz. Se sua decisão é feita a partir de suas crenças, preferências, desejos e objetivos, então ela é livre. Não importa se você poderia ter feito diferente, dados aqueles objetivos, preferência e assim por diante. O que importa é que *você* está a cargo de sua decisão, e ninguém mais.

A segunda resposta de Leibniz à reclamação de Judas é a que ele usualmente oferece quando considera esta objeção. É para nos lembrar que Judas de fato poderia ter feito diferente. Deus poderia ter tornado real um diferente mundo possível, um no qual Judas não trai Jesus, mas ao invés disso vive uma vida longa e feliz ao seu lado. Aquele mundo é possível; consequentemente poderia ter sido verdade que Judas não traiu Jesus; e por decorrência é verdade que Judas poderia feito diferente. Não o nosso Judas *real*, naturalmente; mas outro Judas, noutro mundo, que é muito parecido com este Judas, com exceção de alguns aspectos psicológicos ou detalhes em sua criação ou circunstâncias.

Podemos imaginar Judas outra vez reclamando que "poderia ter sido feito diferente" se aplica mais a Deus do que a ele: "Talvez Deus pudesse ter feito diferente; mas eu, tal como sou, não posso!" Mas Leibniz está oferecendo uma nova e diferente compreensão do que "poderia ter sido distinto" realmente significa. Não significa que Judas tinha a liberdade de violar as leis da natureza, ou de alguma maneira violar o determinismo que atravessa o universo. Criatura alguma tem este poder. Dizer "as coisas poderiam ter sido diferentes" é dizer, sim, que outro mundo (com outras pessoas) poderia ser real. Se Leibniz está certo em sua proposta sobre o que a contingência realmente é, então Judas está preso com a conclusão de que ele poderia ter sido distinto, encaixando-se ou não em seu próprio sentido de que "poderia ter feito diferente".

Mas esta resposta favorecida por Leibniz nos leva a outra muito difícil questão dentro da filosofia de Leibniz: se este mundo é o melhor, e se Deus precisa fazer o que é melhor, então em que sentido poderia Deus ter feito outro mundo real? São estes outros mundos, com outros tipos de Judas neles, genuinamente possíveis?

A liberdade de Deus

Leibniz tentou diferentes respostas a esta pergunta durante toda sua vida intelectual. De fato, talvez o princípio filosófico mais caro a ele foi o princípio de que Espinosa estava errado: nem tudo é necessário, e outras possibilidades são possibilidades genuínas. Mas parece que Leibniz está muito próximo do espinosismo, a não ser que ele possa encontrar uma maneira de negar ao menos uma das seguintes afirmativas:

1) Necessariamente, Deus cria o que é melhor.

2) Necessariamente, este mundo é o melhor dos mundos possíveis.

Pois se aquelas afirmativas são ambas verdadeiras, então é difícil ver como qualquer outro mundo seja realmente possível. Sobre sua carreira, Leibniz negou cada uma destas afirmativas em várias maneiras em tempos diferentes em seu persistente esforço para chegar rápido à conclusão de que este mundo não é necessitado por Deus.

Em alguns escritos Leibniz nega (1), que Deus necessariamente cria o melhor dos mundos possíveis. Ele afirma que Deus *poderia* criar "menos-do-que-o-melhor" dos mundos, ou possivelmente mundo algum. Em outras palavras, não haveria contradição no surgimento de um segundo-melhor-dos-mundos; tal mundo é internamente coerente. O que faz Deus evitar criar tal mundo é a bondade consumada de Deus. Deus é *moralmente* demandado, alguém poderia dizer, para criar o melhor dos mundos possíveis, mas este tipo de restrição não é tão profundo ou tão forte como a restrição lógica ou metafísica (tal como a restrição que faz Deus evitar criar um mundo onde dois mais três não equivale a cinco).

Leibniz tentou expressar a diferença na força entre estas restrições observando que Deus não é necessitado a criar o melhor dos mundos possíveis, mas Deus está "infalivelmente inclinado" a fazê-lo. Inclinação infalível – embora infalível – visa ser somente uma sombra mais indulgente do que uma necessidade absoluta. E aquela sombra é suficiente, esperava Leibniz, para fazê-lo evitar cair no espinosismo. (Esta é a visão apresentada no capítulo 5.)

Mas em outros escritos, Leibniz negou (2), que "Este é o melhor mundo possível" seja uma verdade necessária. Ele negou isso não porque ele pensasse que ser "melhor" seja de qualquer modo relativo ou arbitrário. Ele acreditava que, objetivamente falando, este é realmente o melhor dos mundos possíveis. Ele somente negou que este seja um fato *necessário*. Mas o que isso significa? Isso significa que – de alguma maneira – o universo dos mundos possíveis poderia ter sido distinto, de forma que algum outro mundo teria sido o melhor? Não. Leibniz foi capaz de negar a necessidade deste mundo ser o melhor apoiando-se somente na sua compreensão peculiar do que se exige para uma afirmativa ser necessária. Usualmente nós pensamos que, se uma afirmação é necessária, então ela poderia ter sido distinta. Mas como discutido no capítulo 5, Leibniz adota uma compreensão diferente de "necessário" que depende de como uma afirmativa é demonstrada. Se uma afirmativa pode ser demonstrada ser verdadeira num número finito de passos, então é *necessária*. Se não puder ser demonstrado num número finito de passos, é *contingente*. Agora, a fim de demonstrar que este é o melhor dos mundos possíveis, ter-se-ia que descrever todo fato ou aspecto deste mundo, e mostrar que em todos os mundos nos quais um ou mais destes aspectos fossem distintos não seria um mundo tão bom quanto este. Isso certamente iria exigir uma prova infinita, dada a infinidade de fatos sobre este mundo e o infinito número de maneiras nas quais eles poderiam ser diferentes. De forma que se torna contingente que este é o melhor dos mundos possíveis, uma vez que não podemos provar isso num número finito de passos.

Além destas duas amplas estratégias de negação de que este mundo é necessitado, Leibniz explorou um leque de estratégias mais limitadas e sutis também. Mas para os nossos propósitos nós podemos dizer que ele escapou do espinosismo por duas rotas: (1) ao afirmar que Deus não é necessitado, mas infalivelmente inclinado a criar este mundo, ou (2) ao afirmar que este é somente um fato contingente de que este é o melhor dos mundos.

A queixa renovada de Judas

Ainda, Judas pode perguntar, há algum sentido genuíno no qual ele seja responsável por suas ações? Será talvez verdade que Deus *poderia* ter criado outro mundo. Mas mesmo que coloquemos de lado o fato de Deus nunca ter criado outro mundo, é difícil ver como a liberdade de Deus nesta questão significa que o próprio Judas teria feito diferente. E poderá ser verdade que este mundo é o melhor mundo somente contingencialmente –, mas, não obstante, este é o mundo que foi criado, e outra vez é difícil ver como esta contingência poderia ter feito Judas sentir-se livre. Talvez Deus pudesse ter feito diferente num sentido ou noutro –, mas como poderia Judas ter feito diferente?

Ao fim Leibniz precisa atribuir suas esperanças em sua recomendação para entender a liberdade num sentido diferente do que "poderia ter feito diferente". Judas irá pecar gravemente neste mundo – isso, admite Leibniz, é certo. Judas sofrerá danação eterna por este pecado – outra vez, isso é certo. Nós também podemos estar certos de que esta punição divina é justa, e sua justiça demanda que o pecado de Judas seja livre, não necessário. Então nós precisamos encontrar uma maneira para aquele pecado ser contingente. A única maneira disponível a Leibniz – dada suas crenças sobre a eternidade de Deus, perfeição e poder – é revisar nossa concepção ordinária do que seja ser livre (ou seja, a única é o compatibilismo). Nós pensávamos que a liberdade era a habilidade de fazer algo diferente. Mas agora nós aprendemos que uma ação é livre quando ela é espontânea, inteligente e contingente. Uma ação livre é aquela que não é indeterminada, mas determinada de certa maneira, que se origina dos recursos interiores do próprio agente. E contingência, nós aprendemos, tem a ver com a metafísica de Deus fazendo este mundo real em vez de algum outro mundo, com alguns outros Judas.

Pode ser que este relato ímpar de Leibniz sobre a contingência – segundo a qual a contingência é puramente uma questão de escolha divina em criar mundos, e que é descoberta por nós com base se as demonstrações de afirmativas verdadeiras são finitas ou infinitas – é difícil de engolir. Mas, em defesa de Leibniz, deve ser assinalado que ele estava de fato enfrentando um difícil problema ao reconciliar o poder de Deus com a liberdade das criaturas. É correto afirmar que ninguém encontrou uma solução para este problema que não é difícil de engolir.

Pontos-chave

- De acordo com Leibniz, uma escolha livre é uma escolha espontânea (o que significa dizer que a escolha surge da própria vontade de uma pessoa), inteligente e contingente. Nós somos justamente considerados responsáveis por nossas livres escolhas.
- O que torna uma escolha contingente para uma pessoa é o fato de que Deus pudesse ter feito outro mundo possível no qual a pessoa (ou alguém extremamente similar a ela) faz uma escolha diferente.
- O que faz Deus evitar criar outros mundos possíveis é a própria inclinação de Deus de criar o melhor mundo possível.

Por que fazer qualquer coisa?

Suponha que aceitemos o relato de Leibniz de que as decisões livres são aquelas que são espontâneas, inteligentes e contingentes, e que a contingência reside na capacidade de Deus de criar algum outro mundo possível. Nós ainda podemos perguntar como devemos levar em conta nossas deliberações e escolhas seriamente, uma vez que é, no entanto, verdade que toda ação que tomamos já está determinada a ocorrer. Outra maneira de apresentar o mesmo enigma é esta: se Deus já criou o melhor mundo possível, por que exatamente nós deveríamos tentar fazer algo, uma vez que há uma conclusão antecipada de que este mundo acabará sendo o melhor mundo possível?

Este é um problema de motivação que qualquer determinista enfrenta. Talvez a primeira coisa que possa ser dita é que, embora nossas decisões sejam predeterminadas, nós simplesmente não podemos ajudar a não ser considerá-las seriamente quando estamos no meio de sua realização. Nós estamos determinados a ver nossas decisões como contrariadas, podemos dizer. E não é como se nossas deliberações e decisões estejam desconectadas: nós tomamos as decisões que tomamos como resultado das deliberações que realizamos, e assim as deliberações são as causas efetivas para nossas decisões. Nós somos ignorantes de qual será o resultado final, então nós tomamos nossas deliberações seriamente na esperança que tomemos boas decisões. Pode ser já uma verdade que possamos tomar alguma decisão particular, mas uma vez que não sabemos agora qual será a decisão, nós fazemos o que podemos para contribuir visando torná-la uma boa decisão. Não podemos ver a não ser vendo nossas deliberações nesta forma.

Agora, se estivermos convencidos de que o determinismo de Leibniz é verdadeiro, podemos relaxar e dizer para nós mesmos: "Por que eu deveria fazer algo? Tudo está nas mãos de Deus, de forma que eu não preciso me esforçar". Mas Leibniz argumentou que, se nós fizermos isso, estaremos perdendo nossa maior alegria que experimentamos à medida que vemos a perfeição nas coisas. Sim, tudo acabará bem – isso Leibniz garante –, mas egoisticamente nós gostaríamos de ver as coisas em nossa vida se tornarem melhores, e assim devemos nos esforçar para ajudar que isso de fato ocorra. Considere: nós gostaríamos que estivesse predeterminado sermos preguiçosos e estarmos na miséria? Ou gostaríamos que fosse predeterminado que agíssemos de forma a criar mais alegria e perfeição nas coisas no nosso entorno? Se nos parece que podemos fazer isso acontecer, então pode muito bem ser que nossos esforços – que, reconhecidamente, são eles mesmos predeterminados – são simplesmente o que é necessário para determinar o resultado feliz.

Política

Talvez não seja uma surpresa que Leibniz tenha favorecido a aristocracia. Por um lado, sua vida profissional foi dedicada a servir os príncipes, as princesas, as rainhas e os reis. Mas, por outro, ele concebeu o universo como uma monarquia divina no qual um governante sábio e benevolente emitiu os mais sólidos de todos os decretos possíveis. Ele afirmou que os indivíduos deveriam tentar fazer o mesmo, e decretou que as comunidades deveriam fazer o mesmo, sob a liderança de seres humanos prudentes e benevolentes. Como Platão, ele não sentiu atração pela democracia ou republicanismo, e não podia ver por que alguém poderia gostar de ser governado por pessoas que não fossem especialistas em justiça.

Infelizmente, no entanto, nós vemos com frequência que nossos governantes são algo distinto do que especialistas na justiça. Ainda assim, mesmo um líder tirânico é tipicamente capaz de manter alguma forma de ordem civil, mesmo se não for a melhor possível. Leibniz parece ter seguido Hobbes ao preferir mesmo a ordem injusta a qualquer tipo de anarquia: e talvez sua experiência com a Guerra dos Trinta Anos o convenceu disso, mas ele discordou de Hobbes sobre como estariam os seres humanos num estado da natureza. De acordo com Hobbes, quando um governo efetivo fracassa, as pessoas caem numa "guerra de todos contra todos" – não existe certo ou errado sem um governo, e as pessoas farão qualquer coisa que desejarem. Mas Leibniz, dada sua visão de Deus e o perfeccionismo metafísico, acreditava que existe um certo e um errado real, independente de qualquer sociedade, e ele acreditava em obrigações naturais que as criaturas têm umas com as outras e que os seres humanos, em geral, têm uma inclinação natural pela perfeição amorosa seja lá onde eles a encontrarem, e eles formarão comunidade a partir de uma preocupação por justiça: não é (como sustentava Hobbes) meramente uma questão de prometer fidelidade a um grande valentão (o soberano) por causa do medo que os outros possam lhe fazer.

Este ponto demanda uma ênfase maior. Tanto Descartes como Espinosa construíram suas teorias moral e política com base no autointeresse. Para Descartes é de meu maior interesse cultivar (o que ele denominou de) a *generosidade*. Para Espinosa, autointeresse era suficiente para estabelecer a base para a obrigação cívica, embora a base fosse suplementada, seja com ideais religiosos (ilusórios) ou por ditames da razão. Em Leibniz, no entanto, há um genuíno amor entre as criaturas, e um genuíno interesse que eles cultivam pela perfeição mútua. Nós não tratamos bem um ao outro *meramente* por autointeresse (embora autointeresse tenha lugar). Por natureza nós estamos preocupados um pelo outro. Leibniz também incorporou alguns aspectos da antiga lei romana na sua filosofia política. De acordo com os romanos a justiça vem em três forças. O nível mais inferior de justiça é o preceito de *não fazer o mal a alguém* – então uma sociedade minimamente justa é aquela na qual alguém espera razoavelmente estar seguro. O nível médio de justiça é o preceito de *conceder a cada pessoa o que lhe cabe*. Ou seja, cada pessoa deve receber o que ela merece. E o mais alto grau de justiça é *viver honestamente*, que Leibniz entendia como viver caridosamente, ou amar os outros sob a orientação da prudência. Leibniz não esperava que as sociedades humanas ascendessem ao mais alto grau de justiça; em tal sociedade perfeita não haveria necessidade por policiais ou juízes, não haveria propriedade privada, e todos seriam governados pela sabedoria e o amor. Seria o Éden, ou o paraíso, mas ele esperava que as sociedades humanas alcançassem o nível médio de justiça. Sob um governo justo deste tipo nós podemos esperar que cada cidadão receba o que ele mereça. Isso exige tanto um senso de dever como benevolência. Respeitando nosso dever significa imparcialidade: nós devemos esperar que cada um seja tratado corretamente pela lei, e ninguém seja tratado como uma exceção. E, além desta imparcialidade, Leibniz pensa que a justiça exija que a lei seja aplicada com *boa vontade*, ou seja, com uma preocupação genuína pelo bem-estar de uns pelos outros: "O sentido do princípio é este: não faça ou não rejeite facilmente aquilo que você não gostaria que lhe fosse feito ou que outro não lhe recusaria" (PW: 82).

Assim a justiça política de Leibniz objetiva algo além do objetivo de criar uma sociedade na qual todos podem viver. Só "poder viver" não é suficiente; a justiça demanda que nós possamos cuidar uns dos outros realmente e tenhamos um interesse ativo no que uns e outros merecem, e mesmo um interesse ativo na alegria do outro. Outra vez, ser justo é uma questão de imitar a Deus e tentar obter a perfeição das outras criaturas, com qualquer um dos recursos que estão à nossa disposição. Nós nos esforçamos para fazer o melhor dos mundos possíveis, e ao fazer isso nós promovemos a felicidade humana.

Promover a felicidade humana demanda desenvolver muitas de nossas capacidades distintamente humanas:

> Para contribuir verdadeiramente à felicidade dos homens, uma pessoa precisa aperfeiçoar sua compreensão; precisa fortificar sua vontade com o exercício das virtudes, ou seja, no hábito de agir de acordo com a razão; e precisa, finalmente tentar remover os obstáculos que a impedem de encontrar a verdade e seguir os bens verdadeiros (PW: 105).

Nós podemos ler isso como um conselho sobre o que a sociedade civil deve promover, se é para aperfeiçoar a justiça mediana, e possivelmente se esforçar na direção de um nível superior de justiça. "Dar a cada um o que lhe cabe" significa realmente entender, de uma maneira plena e direta, o que cada pessoa realmente é, e organizar a sociedade de forma que ela possa se realizar. Como os seres humanos, nós devemos entender a boa vontade, a verdade e os bens verdadeiros. Uma sociedade justa se preocupa que nós todos possamos obter estas coisas (ou que nos recusem, com razão, se tivermos feito algo que mereça punição).

Leibniz tentou convencer os líderes políticos de seu dia de que tal profunda preocupação por justiça era de fato no interesse do autointeresse dos governantes. À medida que os sujeitos dos governantes fossem prudentes, virtuosos e felizes, eles seriam mais úteis como sujeitos. E à medida que os sujeitos fossem ocupados em buscar a virtude, eles provavelmente estariam menos preocupados com outras coisas (jogos de risco, bebedeiras e pelejas) que pudessem produzir agitação civil.

Leibniz também trabalhou intensamente para convencer tanto os católicos e os protestantes que suas diferenças doutrinárias não eram tão sérias que tornassem sua união em algo impensável. Ele dizia que um único reino cristão teria melhores chances de produzir a justiça do que dois reinos em guerra um com o outro. E Leibniz também se preocupava com muitas ações políticas particulares de seu tempo visando tornar sua visão de justiça realidade. A maior parte de seus conselhos, infelizmente, foi ignorada.

Uma teodiceia política

Para Leibniz, a moralidade e a justiça são partes naturais do universo, tanto quanto as mônadas, as forças e os animálculos são. O próprio universo é somente um reino; e é natural para as comunidades humanas tentar imitar o reino, tanto quanto possível:

> No que me diz respeito, eu apresento o grande princípio da metafísica assim como o da moralidade, que o mundo é governado pela mais perfeita inteligência possível, o que significa que uma pessoa precisa considerá-la como uma monarquia universal cuja cabeça é a prudência todo-poderosa e soberana, e cujos sujeitos são as mentes todas, ou seja, as matérias capazes de relações ou sociedade com Deus; e que o resto é somente o instrumento da glória do bem e da felicidade das mentes, e que como resultado o universo inteiro é feito por mentes, de tal forma que ele precisa contribuir para a sua alegria tanto quanto possível (PW: 105).

A estrutura política do universo é estabelecida com o objetivo de assegurar a maior das alegrias humanas. Nossa natureza humana, que nos determina querer esta alegria, encoraja-nos a estabelecer nossas instituições políticas de acordo. E assim – de acordo com nossa natureza e a natureza do mundo –, nós devemos querer estabelecer sociedades que promovam o maior florescimento da natureza humana. Para isso acontecer se exige sabedoria, naturalmente; e uma vez que reconheçamos isso, Leibniz acreditaria que seu programa filosófico, político e metafísico já estava em andamento.

Pontos-chave

- Nossa obrigação moral fundamental, de acordo com Leibniz, é amar as coisas na proporção de seu grau de perfeição metafísica. Isso é justiça, ou a "caridade do sábio".
- Nossas escolhas contribuem numa maneira ou noutra para a existência deste melhor dos mundos possíveis. Nossas escolhas são livres na medida em que elas surjam de nossas escolhas e desejos, e à medida que Deus pudesse ter criado um mundo diferente no qual outras escolhas fossem feitas.
- Nossa obrigação política é criar uma sociedade que promova a perfeição e a alegria humanas.

Conclusão

O racionalismo é plausível?

O racionalismo está baseado numa suposição extraordinária: a de que a razão humana tem dentro de si os recursos para discernir e compreender os aspectos mais profundos da realidade. É fácil imaginar esta suposição como sendo falsa. Talvez a razão humana seja simplesmente incapaz de descobrir as mais profundas verdades sobre a realidade, ou talvez que nós possamos fazer isso somente através de uma investigação empírica extensiva. Talvez a razão humana tenha se desenvolvido sob pressões pré-históricas, e nós sejamos muito talentosos em construir fogueiras e capturar coelhos, mas muito incapazes de fazer metafísica. Talvez não exista algo como a realidade última, por mais estranho que isso possa parecer, e toda a experiência humana não seja outra coisa senão interpretações sobre as interpretações. Talvez as grandes verdades sejam inconcebíveis. Tudo isso são possibilidades, mas o racionalismo as nega. Como dito na introdução, o racionalismo assegura que a mais íntima estrutura da realidade e a mais íntima estrutura da mente humana são a mesma coisa.

E o que os nossos racionalistas concluem? Descartes conclui que existem duas maneiras radicalmente diferentes de matérias no mundo, as mentes e os corpos, e que em toda pessoa existe uma de cada um deles numa misteriosa interação. Espinosa conclui que pode existir somente uma matéria, que é ao mesmo tempo pensante e estendida, e que os indivíduos aparentes no universo são de fato maneiras particulares nas quais uma matéria é manifestada. Leibniz conclui que existem infinitas mentes que se parecem de tal maneira que produzem a aparência de um mundo partilhado de matérias em movimento. Estas conclusões diferem tão radicalmente uma da outra que uma pessoa pode ser desculpada por perguntar como uma mente e a realidade podiam possivelmente partilhar um mesmo arcabouço, já que duas mentes racionalistas não partilham de um!

David Hume (1711-1776) era muito crítico da suposição racionalista, e escreveu que a metafísica das filosofias mais profundas e abstratas

> surgem tanto dos esforços infrutíferos da vaidade humana, que tenta penetrar nos assuntos totalmente inacessíveis à compreensão, ou a partir das superstições populares, que, sendo incapazes de se defenderem adequadamente, levanta estes espinhos emaranhados para cobrir e proteger suas fraquezas (*Enquiry*: § 1).

Assim, em outras palavras, os grandes metafísicos ou estão orgulhosamente navegando em suas profundezas, ou vergonhosamente se escondendo atrás de proposições metafísicas confusamente emaranhadas. De um jeito ou de outro, eles não são claros admitindo que simplesmente não sabem. É fácil isso acontecer quando um filósofo acorrenta sua mente a princípios metafísicos e a suas consequências lógicas. Hume diz outra vez:

> É fácil para um filósofo profundo cometer um erro em sua lógica sutil; e um erro é necessariamente pai de outro [erro], enquanto ele provoca suas consequências, e não é impedido de abraçar qualquer conclusão, por sua aparência incomum, ou sua contradição à opinião popular (*Enquiry*: § 1).

Muitos filósofos partilham da conclusão de Hume de que os grandes sistemas metafísicos dos racionalistas não são outra coisa do que os sonhos de gênios que se confundiram com suas próprias criações. Ainda assim, há uma forte atração pelo racionalismo. Como podemos descobrir o que *precisa* ser verdade, a não ser consultando nossos próprios poderes conceituais? A natureza não nos mostra necessidade alguma – ela mostra somente o que ocorre ser verdade. Se em algum momento poderemos discernir um dado conjunto de aspectos que limitam o que pode ocorrer e o que pode surgir, é porque temos nossa razão para confiar. E o que o ser humano pode resistir de saber?

Kant

Immanuel Kant (1724-1804) reconheceu que os seres humanos estão confrontados com questões que ele não pode nem responder nem ignorar. As grandes questões confrontadas pelos racionalistas – O que em última instância é real? Quais são as origens do mundo? O que é a consciência? – são perguntas que os seres humanos precisam fazer, somente em virtude de serem agentes inteligentes. Para se entender algo nós precisamos perguntar por que, e nada nos impede de estender nossos porquês às facetas mais profundas e mais intrigantes de nossa experiência. Mas ao mesmo tempo, disse Kant, nós somos incapazes de dar quaisquer respostas a estas perguntas, e um estudo atento dos racionalistas poderia provar este ponto. Os argumentos dos racionalistas estão frequentemente baseados em claros e óbvios erros de lógica, ou, quando isso ocorre, existe usualmente uma maneira de reparar o equívoco. Algumas das suposições que eles fazem são estranhas a nossas mentes (tal como a tese das gradações da realidade). Mas claramente as suposições parecem a eles serem nada excepcionais, e ainda assim nós podemos encontrar algo de razoável nelas, após uma reflexão suficiente. De uma forma geral, cada racionalista empregou sua razão com inteligência e bom julgamento. Mas eles chegaram a conclusões muito diferentes. Kant inferiu disso que a razão humana simplesmente não tem a competência de assegurar conclusões metafísicas, apesar de sua inclinação infalível de tentar fazer isso. E ele utilizou esta conclusão para alavancar certa metafísica de sua própria criação.

Se o ser humano é realmente incapaz de conhecer a verdade metafísica, então deve haver alguma explicação para sua impressionante competência quando é o caso de saber a verdade natural. Os racionalistas e Kant viveram todos em eras em que a ciência moderna estava avançando rapidamente, e que a física de Newton prometia revelar todos os segredos do mundo natural. Ficou claro aos filósofos que a razão humana certamente tem a competência para entender a natureza. Por que então seria competente para conhecer a natureza, mas incompetente para conhecer os fundamentos da natureza? Por que é que a mente humana pode vislumbrar as verdades mais universais da matemática, e as leis mais fundamentais da natureza, mas não a natureza da matéria, ou a causalidade, ou a mente? A resposta de Kant foi transformar este enigma em uma declaração: a mente humana pode conhecer qualquer coisa dentro das fronteiras da natureza, ou seja, dentro das fronteiras da experiência humana, mas não pode conhecer nada além daquelas fronteiras. E por que isso? Porque, sugeriu Kant, as fronteiras da experiência humana são as fronteiras da mente humana, mas estas fronteiras não coincidem com as fronteiras da realidade metafísica. Em outras palavras, há alguma verdade no racionalismo: o arcabouço daquilo que os humanos podem possivelmente experimentar e o arcabouço da mente humana são um e o mesmo. O mundo que nós podemos experimentar tem a mesma forma e limitações daquilo que nós podemos ou não podemos conceber. Mas quando se trata do que não podemos possivelmente experimentar – o universo em sua integralidade, o tempo no seu todo, a alma imaterial – então todas as apostas cessam. Não há garantia de qualquer tipo de correspondência entre a mente e a realidade. Aqui o ceticismo triunfa.

O problema dos racionalistas, pensava Kant, era que eles tentavam utilizar a razão humana além dos limites de sua aplicabilidade. Como resultado, eles foram capazes de "provar" muitas coisas, uma vez que seus argumentos não foram testados pelos limites da possível experiência humana. A lição a ser apreendida é que os seres humanos podiam continuar a explorar e entender sua própria experiência, mas pararam de insistir em respostas dogmáticas às questões metafísicas. Nós podemos ser realistas sobre a ciência, mas céticos sobre a metafísica e a religião. (Bem, de fato Kant acreditava que existem muitas crenças religiosas que devemos manter, mesmo que fosse para encorajar o comportamento moral. Mas a base da religião, ele dizia, era a fé, não o conhecimento.)

O Idealismo alemão

Mas vários outros filósofos viram que a conclusão de Kant deixava de fora muitas perguntas pendentes. Por que é que a experiência e a mente humanas deveriam partilhar a mesma estrutura? Que explicação existe para tal coincidência? E o que é a mente humana de qualquer maneira? Parece como se não pudesse existir nem um objeto dentro da experiência humana nem objeto fora dela. Pois se ela fica dentro da experiência humana, ela não pode ser responsável em determinar os limites da experiência humana. Por outro lado, se ela fica do lado de fora da experiência humana, então por que deveria afinal ser limitada pela experiência humana? Sem obter respostas a estas perguntas, estes filósofos sentiam, nada restaria a não ser o ceticismo. Por que razão deveríamos pensar que a mente e a experiência humanas deveriam necessariamente partilhar a mesma estrutura? No momento em que os filósofos levantavam estas questões, surgia um debate entre F.H. Jacobi (1743-1819) e M. Mendelssohn (1729-1786). O debate era se um terceiro filósofo, o grande G.E. Lessing (1729-1781), tinha sido um *espinosista*. A controvérsia tornou-se uma grande batalha, com muitas vozes diferentes ecoando diferentes argumentos, mas a controvérsia não era só sobre Lessing. Era sobre a natureza e o escopo da razão filosófica. Ser um espinosista era acreditar que toda realidade se origina de uma única fonte, unificada e conhecível. Aqueles filósofos que queriam ligar as pontas soltas de Kant numa teoria compreensiva que explicasse tudo estavam criando uma espécie de espinosismo. Tudo o que nós sabemos era que desenvolver o espinosismo significava fazer avançar o determinismo, o necessitarismo e eventualmente o ateísmo. Aqueles filósofos que não acreditavam que as pontas soltas de Kant podiam ser ligadas num sistema límpido capaz de explicar tudo basearam suas crenças numa espécie de fé, que provaria que o conhecimento filosófico estava sempre subordinado à fé. A controvérsia de Espinosa (ou *Pantheismusstreit*), como ficou sendo conhecido, originou-se de uma diferença aguda em atitude no que se refere ao poder do filósofo. Alguns acreditavam que era possível para a filosofia enquadrar tudo num sistema racional, enquanto outros acreditavam que havia verdades – especialmente verdades religiosas – que a razão não podia compreender. Cada filósofo percebeu que tinha que escolher: ser um espinosista, ou ser um teísta.

Os idealistas alemães depois de Kant estavam todos lutando com a promessa e a ameaça do racionalismo. O trabalho do filósofo, poder-se-ia dizer, era encontrar a unidade em todos os domínios do conhecimento: para tornar o pensamento e o ser uma única coisa. Mas há uma poderosa atração dentro das religiões reveladas na direção de que nem tudo pode ser unificado, ao menos por mente de criatura alguma. Enquadrar Deus num sistema racional é negá-lo, e afirmar a transcendência de Deus é negar a autoridade final da razão.

Alguém poderia ver o campo de batalha do Idealismo alemão como uma guerra intelectual em torno do racionalismo. Dois dos grandes guerreiros deixados em pé ao fim foram G.W.F. Hegel (1770-1831), que tentou dobrar a religião pela razão, e Søren Kierkegaard (1813-1855), que acreditava que o cristianismo deve em última instância renunciar à razão.

O iluminismo

Espinosa não somente inspirou a controvérsia Espinosa. Seu *Tratado teológico-político* também forçou os filósofos tardios a examinar as relações entre as autoridades religiosas, o Estado e a própria racionalidade do indivíduo. Os seres humanos, ao menos em princípio, são capazes de cultivar sua própria razão e realizar experimentos e fazer avançar tanto a ciência do mundo natural como a ciência da história humana. Quando eles fazem isso é difícil evitar a conclusão de Espinosa de que a Bíblia precisa ser vista como uma compilação de textos antigos cujos autores não eram nem cientistas naturais nem historiadores. A Bíblia não podia ser considerada como literalmente verdadeira, se quisermos ser consistentes com as conclusões de que a ciência e a história nos fazem tirar. As religiões baseadas na Bíblia podem ser úteis para fazer as pessoas menos racionais comportarem-se de maneira virtuosa, mas as religiões não podem ser vistas como capazes de oferecer muito mais do que isso. Isso levanta um desafio político: como estabelecer uma sociedade que permita tais religiões, ou até mesmo empregar seus serviços, enquanto ao mesmo tempo permite um espaço livre para a filosofia, a ciência e a história crescerem? Este é o problema da *tolerância política*, e é o centro do movimento de pensamento conhecido como *iluminismo*.

O iluminismo foi uma revolução multidimensional no pensamento, ocorrendo na arte, literatura, filosofia, ciência e política. Kant escreveu um ensaio sugerindo que seu *slogan* deveria ser "Atreva-se a usar a própria razão!" De fato, a confiança central do iluminismo era a confiança nas habilidades latentes nos seres humanos para assegurar seu próprio passado, presente e futuro. Os seres humanos não precisam de autoridades especiais para discernir sua própria história, ou estabelecer a ordem civil, ou ver o que o futuro trará. Padres e reis, no fim, são como qualquer um de nós, sem acesso especial à verdade. Então o iluminismo era profundamente antiautoridade em temperamento. E Espinosa foi visto como um emblema do iluminismo, tanto devido a suas conclusões publicadas e devido ao seu temperamento antiautoritário. De fato, a promessa do racionalismo era inerente às esperanças do iluminismo. Atrevemo-nos a usar nossa própria razão somente se nós acreditamos que temos esta razão, independentemente das muitas maneiras tendenciosas e preconceituosas nas quais nós crescemos. Mas infelizmente, muitas teorias e programas apresentados sob a bandeira do iluminismo mostram tanta tendenciosidade e preconceito como a racionalidade, e isso levou muitos a perguntar se nós realmente devemos ter a coragem de usar nossa própria razão. Nossa própria razão nos trouxe a industrialização assim como a capacidade de fazer guerras mundiais horrendas, sem falar nos regimes fascistas e genocidas. Talvez o racionalismo e o iluminismo não sejam outra coisa do que tendenciosidade e preconceitos de uma classe privilegiada de pessoas, ansiosa de encontrar não a racionalidade, mas as *racionalizações* para suas formas de vida. Precisa ser salientado que Descartes, Espinosa e Leibniz podem ter tido altas estimas sobre a habilidade básica humana para a razão, mas no que isso realmente produziu foi uma alta estima sobre a capacidade de cada ser humano de ser um bom europeu. Os acadêmicos ainda estão debatendo se este é o caso no qual os racionalistas simplesmente não seguem sua razão plenamente, ou se é um indicativo de um problema inerente ao racionalismo.

Sucessos parciais

O racionalismo permanece hoje uma resposta filosófica convincente a pelo menos três importantes áreas temáticas importantes. Primeiro, há a questão de exatamente como os seres humanos adquiriram suas habilidades linguísticas. Noam Chomsky revolucionou o campo da linguística apresentando as estruturas inatas na mente humana que são responsáveis em ajudar os falantes a ganhar e utilizar a linguagem. (Um de seus primeiros livros era de fato chamado *Linguísticas cartesianas*.) É seguro afirmar que os linguistas geralmente concordam com algo como a analogia do "mármore raiado" de Leibniz, acreditando que a mente humana está predisposta a certas estruturas gramaticais. Segundo, há a questão de como as afirmativas feitas sobre o mundo têm *significado*. Alguns filósofos acreditam que um relato adequado do significado precisa empregar conceitos e proposições que existem independentemente de eventos mentais particulares e de conceitos sustentados por pensadores individuais. Eles pensam que estes conceitos e proposições precisam ser tratados como puramente objetos conceituais, algo como as formas de Platão. Finalmente, alguns filósofos também acreditam que certos problemas metafísicos (tal como o problema da causalidade) podem ser resolvidos somente pela colocação do conhecimento metafísico *a priori* nos seres humanos. Todos estes pensadores acreditam que existem alguns elementos do conhecimento humano ou experiência que simplesmente não podem ser "naturalizados", uma vez que eles jogam papéis que são mais profundos ou mais básicos do que qualquer outra coisa que possa ser aprendida naturalmente. Assim o racionalismo permanece uma "abordagem viva" a vários problemas contemporâneos.

Se considerarmos estas reflexões sobre o racionalismo como um amplo empreendimento, e vermos mais particularmente algumas das afirmativas feitas por Descartes, Espinosa e Leibniz, nós podemos apreciar que cada uma das várias afirmativas filosóficas significativas feitas nós consideraríamos hoje como estando no caminho correto ou até mesmo como sendo exatamente corretas. Embora a maior parte dos filósofos hoje negue o dualismo de Descartes, duas coisas precisam ser ditas em seu favor. Primeiro, descartes articulou uma visão da mente e do corpo que muitos consideraram ser especialmente intuitivas, ao menos num sentido "pré-filosófico". A consciência parece ser uma propriedade que só a mente pode ter. É difícil imaginar uma entidade puramente física, mesmo uma complexa, sendo de alguma maneira vividamente consciente de si e de seu ambiente. A dimensão da consciência é interna, inescapavelmente, e não pública na maneira que os funcionamentos das máquinas são. Alguém pode estudar um cérebro em algum grau de detalhe e ainda assim não saber que *tipo de pensamento está ocorrendo ali* ao que parece. Então é preciso admitir, mesmo se nós finalmente rejeitarmos a teoria de Descartes, há algo inicialmente atraente nela. Segundo, como Descartes tentou explicar os funcionamentos do corpo e da mente, ele adotou a estratégia correta. Ele não conhecia nada sobre a eletricidade, ou bioquímica, então seu relato fracassou. Mas a estratégia de explicar o comportamento de uma maneira material como alguém podia explicar o funcionamento da máquina mostrou-se adequado. É que existem algumas forças físicas que ele não conhecia. Muitos pensadores contemporâneos encontraram aspectos ainda mais promissores na filosofia de Espinosa. Ele tentou integrar a mente e o corpo, numa certa maneira, e ligar os estados mentais aos estados físicos. Ele também reconheceu que as emoções e a razão nem sempre podem ser perfeitamente separadas, e que o que nós sentimos é sempre ligado com o que nós pensamos. Seu programa para tratar das emoções prejudiciais – assim como a de Descartes – pode ser visto como um predecessor de várias psicologias clínicas que estão sendo usadas hoje. Seu trabalho político é lido junto com o de Hobbes e Locke como sendo de fundamental importância na compreensão do moderno pensamento político. E sua pesquisa da Bíblia é ainda hoje lida como um dos primeiros trabalhos da moderna crítica bíblica.

A filosofia de Leibniz obteve também algum sucesso sob a luz contemporânea. Sua compreensão do espaço como um conjunto de relações, em vez de ser somente um solitário recipiente de corpos em movimento, foi considerado seriamente pelos filósofos e físicos pelo menos até os avanços teóricos feitos por Einstein. Agora é difícil dizer em que medida ele o fez corretamente, uma vez que Einstein modificou tantas suposições básicas, mas parece claro que o espaço, ou o tempo/espaço, está mais próximo do que ele imaginou do que qualquer outra teoria concorrente. Suas contribuições em matemática e lógica permanecem tão sólidas como sempre estiveram, e quando os estudantes hoje empregam o cálculo, eles utilizam seu sistema. E a teologia de Leibniz é ainda de interesse dos teólogos filosóficos de hoje, especialmente sobre a dificuldade de a matéria reconciliar a liberdade humana com a onipotência de Deus.

Portanto, apesar das inúmeras críticas que podem ser levantadas contra seus sistemas filosóficos como um todo, os racionalistas perceberam muitas coisas de forma correta, tanto quanto podemos dizer. Qualquer tipo de argumento geral contra sua instância filosófica precisa levar em conta não só suas falhas, mas seus sucessos igualmente.

Questões para discussão e revisão

1 O mundo dualista de Descartes

1) Por que Descartes pensa que ele poderia estar sonhando? Ele não deveria saber o que uma vida desperta é a fim de saber o que um sonho é?

2) Considerando a física de Descartes, como você supõe que ele relataria sobre a diferença entre a luz e a escuridão?

3) Que razões Descartes possui para pensar que a mente e o corpo são substâncias distintas? Por que não pensar a mente como algo produzido pelo funcionamento do cérebro?

4) Descartes prova a existência de Deus, e que Deus não é enganador; então pode confiar que o que ele clara e distintamente percebe seja verdadeiro. Mas se ele duvida do que ele clara e distintamente percebe, como pode confiar em seu próprio argumento de que Deus existe?

5) Se Deus cria nossos intelectos para ter a estrutura que eles têm, então não será possível que – por alguma boa razão – Deus não estabeleceu nossos intelectos para nos dar algumas vezes respostas erradas? O que Descartes diria desta objeção?

2 A moralidade de Descartes e *As paixões da alma*

1) Como você descreveria a atitude que eu deveria ter sobre a minha sociedade, de acordo com Descartes?

2) Que tipo de felicidade podem os animais não humanos sentir, de acordo com Descartes, considerando que eles não têm alma? Que tipo de felicidade eles podem não sentir?

3) Compare a felicidade que você sente quando você agiu com grande autocontrole com a felicidade que você sentiu quando alguma sorte ocorre de lhe acontecer. Que tipo de felicidade é melhor? Por quê?

4) "Descartes simplesmente utiliza a palavra 'perfeição' para os tipos de qualidade que ele gosta. Na natureza nada é 'mais perfeito' do que qualquer outra coisa." Como é que Descartes responderia a esta objeção?

5) Que tipo de coisas pode evitar alguém de ganhar generosidade, na maneira como Descartes chama isso? Pode ocorrer que algumas pessoas sejam absolutamente incapazes dela?

3 A matéria única de Espinosa

1) Descartes acreditava que mentes distintas podem partilhar um atributo (pensamento), mas Espinosa negava que as matérias possam partilhar atributos. Como Espinosa argumentaria a fim de persuadir Descartes a mudar de opinião?

2) O que torna uma ideia inadequada, de acordo com Espinosa?

3) Espinosa pode ser chamado de "panteísta", que é alguém que acredita que tudo é Deus. Esta é uma descrição precisa de sua visão? Ele diria que seu pé esquerdo é idêntico a Deus?

4) Uma das primeiras objeções à filosofia de Espinosa era esta: "Se tudo é em alguma medida idêntico a Deus, então isso significa que todos os seres humanos fazem (guerrear, assassinar etc.) é realmente feito por Deus. Mas Deus jamais faria tais coisas". Como Espinosa responderia a esta objeção?

5) Espinosa pensa que o conhecimento do primeiro tipo (através da imaginação e da experiência casual) é sempre inadequado.

Isso significa que tudo que nós podemos saber pode ser demonstrado? Se sim, isso parece plausível?

4 A ética, a política e a religião de Espinosa

1) De acordo com Espinosa, nossas essências são uma luta para continuar a existir. Por que então as pessoas fazem coisas que as prejudicam?

2) O "homem livre" experimentaria quaisquer emoções ou paixões?

3) Suponha que eu pudesse roubar uma rosquinha sem medo de ser pego. Eu deveria então fazer isso, de acordo com Espinosa? Por que ou por que não?

4) Uma vez que os seres humanos quase sempre estão à mercê de suas emoções, por que Espinosa advogaria a democracia? Ele não pensaria sobre isso como uma espécie de regra do populacho? Que vantagens a democracia tem?

5) Se Espinosa pensa que a religião é um meio efetivo para manter pessoas menos racionais em linha, por que ele publicaria um livro que expõe a Bíblia como sendo fundamentalmente errada sobre muitas coisas?

5 O mundo das mônadas de Leibniz

1) Suponha que eu e você estejamos observando uma mesma árvore. O que significa "a mesma árvore" na metafísica de Leibniz? Em que sentido nós estaríamos vendo o *mesmo* objeto?

2) De acordo com Leibniz, o que torna seu corpo *seu* corpo, em vez de meu?

3) Leibniz acreditava que o universo é governado por leis da natureza. Mas ao mesmo tempo ele negava a fundamental realidade das matérias. Como então ele explicaria a verdade das leis da física?

4) Há algumas coisas que eu posso saber somente pela experiência (tais como, p. ex., a altura da mais alta girafa viva). Mas Leibniz pensa que todas as declarações são analiticamente verdadeiras. Por que então eu conheço tudo somente pela reflexão sobre os significados das palavras?

5) Suponha que Deus permita que um milagre ocorra (como a abertura do Mar Vermelho). O que Deus teria que fazer, metafisicamente, para tal evento ocorrer? E por que isso seria considerado um *milagre*?

6 A justiça e a liberdade de Leibniz

1) Leibniz pensa que tem sido analiticamente verdadeiro, desde o início do mundo, que você estaria lendo isso agora. Em que sentido então você poderia evitar ler isso agora?

2) De acordo com Leibniz, o que faz uma pessoa escolher melhor do que outra?

3) Por que, de acordo com Leibniz, nós estamos motivados a preocupar-nos uns com os outros?

4) Leibniz pensaria que nós sempre temos razão em mentir, se nos parecer que fazer isso faria acontecer um bem maior?

5) Qual seria a maneira correta de tratar os criminosos, de acordo com Leibniz? Seria nosso objetivo puni-los?

Leitura adicional*

Nível inicial

A obra *Spinoza: A Very Short Introduction de Roger Scruton* [*Oxford University*] *e Descartes: A Very Short Introduction*, de Tom Sorell, oferecem panoramas curtos – muito curtos – das vidas de filósofos e de seus pensamentos. (No momento em que escrevo estas linhas não há uma introdução deste tipo para Leibniz, infelizmente.) A obra *The Courtier and the Heretic*, de Matthew Stewart, é um relato envolvente das vidas de Espinosa e Leibniz, e sobre a tensa relação entre suas visões de mundo. Garrett Thomson, em *Bacon to Kant: An Introduction to Modern Philosophy*, oferece um relato rápido e claro sobre os pensamentos dos racionalistas (além de outros).

Nível intermediário

The Stanford Encyclopedia of Philosophy, editado por Edward Zalta, oferece excelentes panoramas e discussões sobre as vidas e filosofias de Descartes, Espinosa e Leibniz. Está disponível em http://plato.stanford.edu Cada artigo também oferece referências úteis. A obra de John Cottingham, *The Rationalists*, oferece uma discussão temática do pensamento dos racionalistas, com capítulos explorando

* As referências completas para estes livros podem ser encontradas nas referências.

as relações entre as conclusões dos filósofos sobre matéria, mente, liberdade, e assim por diante. Também há livros excelentes sobre cada um dos filósofos, adequado para leitores com um conhecimento sólido, mas não especializado da filosofia: *Descartes*, de John Cottingham; *Benedict de Spinoza: An Introduction*, de Henry Allison, e *Leibniz*, de Nicholas Jolley.

Nível avançado

Os dois volumes de Jonathan Bennett, *Learning from Six Philosophers*, são uma excelente fonte para descobrir os profundos problemas filosóficos que cada filósofo enfrenta. É escrito numa prosa aguda e elegante. A maior parte do tratamento sobre os racionalistas é encontrada no primeiro volume. Há muitos bons trabalhos que examinam o que dois ou mais dos filósofos pensam sobre este ou aquele tópico, mas há dois que valem a pena ser explorados: *The Light of the Soul: Theories of Ideas in Leibniz, Malebranche, and Descartes*, de Nicholas Jolley, e *Descartes, Spinoza, and Leibniz: The Concept of Substance in Seventeenth Century Metaphysics*, de Roger Woolhouse. Igualmente – e também como o clássico trabalho desacreditando a distinção entre racionalista/empirismo – é *From Descartes to Hume: Continental Metaphysics and the Development of Modern Philosophy*, de Louis Loeb. E há muitos livros excelentes dedicados a cada filosofia. Aqui estão algumas recomendações: Para Descartes, *Descartes*, de Margaret Wilson. Para Espinosa, *Behind the Geometrical Method*, de Edwin Curley, e *Spinoza*, de Alan Donaga. Para Leibniz, *Leibniz: Determinist, Theist, Idealist*, de Robert Adams, e *Leibniz*, de Stuart Brown. Para a influência dos racionalistas (especialmente Espinosa) sobre o iluminismo, deve-se ler *Radical Enlightenment*, de Jonathan Israel. Esses livros foram escritos para especialistas, ou para estudantes de filosofia muito além do nível intermediário.

Referências

Citações (e resumos) no texto são retiradas destas fontes:

Fontes primárias

BERKELEY, G. (1998). *A Treatise Concerning the Principles of Human Knowledge*. Oxford: Oxford University Press [Org. por J. Dancy].

DESCARTES, R. (1989). *The Passions of the Soul*. Indianápolis, IN: Hackett [Trad. de Stephen H. Voss].

______ (1985). *The Philosophical Writings of Descartes*. 3 vols. Cambridge: Cambridge University Press [Trad. de J. Cottingham et al. – Inclui *Discourse On Method, Meditations on First Philosophy, Principles of Philosophy,* e outros trabalhos].

______ (1964-1974). *Oeuvres de Descartes*. 11 vols. Paris: CNRS/ Vrin [Org. por C. Adam e P. Tannery].

HOBBES, T. (1994). *Leviathan*. Indianápolis, IN: Hackett [Org. por E. Curley].

HUME, D. (1993). *An Enquiry Concerning Human Understanding*. Indianápolis, IN: Hackett [Org. por E. Steinberg].

LEIBNIZ, G.W. (1996). *New Essays on Human Understanding*. Cambridge: Cambridge University Press [Trad. e org. de P. Remnant e J. Bennett].

_____ (1989). *Philosophical Essays*. Indianápolis, IN: Hackett [Trad. de R. Ariew e D. Garber – Inclui *Discourse on Metaphysics*, *Monadology*, *On Ultimate Origination of Things*, e outros trabalhos].

_____ (1988). *Political Writings*. 2. ed. Cambridge: Cambridge University Press [Trad. de P. Riley].

LOCKE, J. (1959). *An Essay concerning Human Understanding*. 2 vols. Nova York: Dover.

PLATO (1997). *Plato: Complete Works*. Indianápolis, IN: Hackett [Org. por J.M. Cooper – Inclui *Phaedo]*.

SPINOZA, B. (2000). *Political Treatise*. Indianápolis, IN: Hackett [Trad. de S. Shirley].

_____(1998). *Theological-Political Treatise*. Indianápolis, IN: Hackett [Trad. de S. Shirley].

_____ (1985). *The Collected Works of Spinoza*. Vol. 1. Princeton, NJ: Princeton University Press [Trad. e org. de E. Curley – Inclui *Ethics e Treatise on the Emendation of the Intellect]*.

Fontes secundárias

ADAMS, R. (1994). *Leibniz: Determinist, Theist, Idealist*. Oxford: Oxford University Press.

ALLISON, H. (1987). *Benedict de Spinoza: An Introduction*. New Haven, CT: Yale University Press.

BENNETT, J. (2001). *Learning from Six Philosophers*. 2 vols. Oxford: Oxford University Press.

_____ (1984). *A Study of Spinoza's Ethics*. Indianápolis, IN: Hackett.

BROWN, S. (1984). *Leibniz*. Brighton: Harvester.

COTTINGHAM, J. (1988). *The Rationalists*. Oxford: Oxford University Press.

_____ (1986). *Descartes*. Oxford: Blackwell.

COTTINGHAM, J. (org.) (1992). *The Cambridge Companion to Descartes*. Cambridge: Cambridge University Press.

CURLEY, E. (1987). *Behind the Geometrical Method*. Princeton, NJ: Princeton University Press.

DONAGAN, A. (s.d.). *Spinoza*. Chicago, IL: University of Chicago Press.

GARBER, D. (2001). *Descartes Embodied*. Cambridge: Cambridge University Press.

_____ (1992). *Descartes' Metaphysical Physics*. Chicago, IL: University of Chicago Press.

GARRETT, D. (org.). 1996. *The Cambridge Companion to Spinoza*. Cambridge: Cambridge University Press.

HAMPSHIRE, S. (1951). *Spinoza*. Nova York: Penguin.

HATFIELD, G. (2002). *Descartes and the Meditations*. Londres: Routledge [*Routledge Philosophy GuideBooks]*.

HENRICH, D. (2003). *Between Kant and Hegel: Lectures on German Idealism*. Cambridge, MA: Harvard University Press [Org. por D.S. Pacini].

ISRAEL, J. (2001). *Radical Enlightenment: Philosophy and the Making of Modernity 1650-1750*. Oxford: Oxford University Press.

JOLLEY, N. (2005). *Leibniz*. Londres: Routledge.

_____ (1990). *The Light of the Soul: Theories of Ideas in Leibniz, Malebranche, and Descartes*. Oxford: Oxford University Press.

JOLLEY, N. (org.) (1995). *The Cambridge Companion to Leibniz*. Cambridge: Cambridge University Press.

LOEB, L.E. (1981). *From Descartes to Hume: Continental Metaphysics and the Development of Modern Philosophy*. Ithaca, NY: Cornell University Press.

NADLER, S. (1999). *Spinoza: A Life*. Cambridge: Cambridge University Press.

PHEMISTER, P. (2006). *The Rationalists: Descartes, Spinoza and Leibniz.* Cambridge: Polity.

RUTHERFORD, D. (1995). *Leibniz and the Rational Order of Nature*. Cambridge: Cambridge University Press.

_____ (s.d.). "Descartes' Ethics". *The Stanford Encyclopedia of Philosophy (Fall 2003 Edition) [Org. por* E.N. Zalta – Disponível em http://plato.stanford.edu /archives/fall2003/entries/descartes-ethics/].

SCRUTON, R. (2002). *Spinoza: A Very Short Introduction*. Oxford: Oxford University Press.

SORELL, T. (2001). *Descartes: A Very Short Introduction*. Oxford: Oxford University Press.

STEWART, M. (2006). *The Courtier and the Heretic*. Nova York: Norton.

THOMSON, G. (2002). *Bacon to Kant: An Introduction to Modern Philosophy*. Prospect Heights, IL: Waveland Press.

WATSON, R. (2002). *Cogito ergo sum: The Life of Rene Descartes*. Boston, MA: David R. Godine.

WILSON, M. (1978). *Descartes*. Londres: Routledge.

WOOLHOUSE, R. (1993). *Descartes, Spinoza, and Leibniz: The Concept of Substance in Seventeenth Century Metaphysics*. Londres: Routledge.

YOUPA, A. (s.d.). "Leibniz's Ethics". *The Stanford Encyclopedia of Philosophy (Winter 2004 Edition) [Org. por* N. Zalta – Disponível em http: //plato.stanford.edu/archives/win2004/entries/leibniz-ethics/].

Índice

Conecte-se conosco:

facebook.com/editoravozes

@editoravozes

@editora_vozes

youtube.com/editoravozes

+55 24 2233-9033

www.vozes.com.br

Conheça nossas lojas:

www.livrariavozes.com.br

Belo Horizonte – Brasília – Campinas – Cuiabá – Curitiba
Fortaleza – Juiz de Fora – Petrópolis – Recife – São Paulo

EDITORA VOZES LTDA.
Rua Frei Luís, 100 – Centro – Cep 25689-900 – Petrópolis, RJ
Tel.: (24) 2233-9000 – E-mail: vendas@vozes.com.br